Moritz Busch

Kooperationspotenziale von Lufthansa und Germanwings aus Konsumentenperspektive

Eine Untersuchung zu Einflussfaktoren
auf die konsumentenperspektivische Akzeptanz
von Kooperationen konträrer Geschäftsmodelle

Schriftenreihe der School of International Business
Internationaler Studiengang für Tourismusmanagement (ISTM)

Herausgegeben von Felix Bernhard Herle

Band 9

SCHRIFTENREIHE DER SCHOOL OF INTERNATIONAL BUSINESS
Internationaler Studiengang für Tourismusmanagement (ISTM)

Herausgegeben von Felix Bernhard Herle

ISSN 1863-9798

1   *Katharina Schirmbeck*
     Markenbildung für Regionen
     Dachmarkenkonzepte im deutschen Regionalmarketing
     ISBN 3-89821-689-6

2   *Stefanie Kranawetter und Ivonne Mühlner*
     Erfolgreiches Krisenmanagement für Reiseveranstalter
     Ein Handbuch für plötzlich auftretende Krisen im Tourismus
     ISBN 978-3-89821-835-1

3   *Angela Bergner*
     Tourismus als Mittel zur Armutsminderung in Nepal
     Das "Tourism for Rural Poverty Alleviation Programme" (TRPAP)
     ISBN 978-3-89821-853-5

4   *Felix Bernhard Herle*
     Strategische Planung grenzenloser Destinationen
     Vertikale und branchenübergreifende Erweiterung Touristischer Regionen
     ISBN 978-3-89821-908-2

5   *Birte Heidbreder*
     Gütesiegel zur Einflussnahme auf die touristische Entwicklung einer
     Destination
     Erfolgsanalyse des CST Costa Ricas für nachhaltigen Tourismus
     ISBN 978-3-89821-986-0

6   *Linda von Nerée*
     Das touristische Potential Hamburgs für chinesische Europa-Reisende
     Eine Bestandsanalyse mit konkreten Veränderungsvorschlägen
     ISBN 978-3-89821-780-4

7   *Joana Heinemann*
     Mountainbike-Tourismus im Wettbewerb
     Zielgruppenorientierte Optimierung von Packages im Destinationsmarketing
     ISBN 978-3-8382-0167-2

8   *Tina Böttinger*
     Die Entwicklung der Erlebnisorientierung
     Status quo und Perspektiven in der Kreuzfahrt- und Themenparkbranche
     ISBN 978-3-8382-0259-4

9   *Moritz Busch*
     Kooperationspotenziale von Lufthansa und Germanwings aus
     Konsumentenperspektive
     Eine Untersuchung zu Einflussfaktoren auf die konsumentenperspektivische Akzeptanz von
     Kooperationen konträrer Geschäftsmodelle
     ISBN 978-3-8382-0456-7

Moritz Busch

KOOPERATIONSPOTENZIALE VON LUFTHANSA UND GERMANWINGS AUS KONSUMENTENPERSPEKTIVE

Eine Untersuchung zu Einflussfaktoren
auf die konsumentenperspektivische Akzeptanz
von Kooperationen konträrer Geschäftsmodelle

Schriftenreihe der School of International Business
Internationaler Studiengang für Tourismusmanagement (ISTM)

Herausgegeben von Felix Bernhard Herle

Band 9

ibidem-Verlag
Stuttgart

Bibliografische Information der Deutschen Nationalbibliothek
Die Deutsche Nationalbibliothek verzeichnet diese Publikation in der
Deutschen Nationalbibliografie; detaillierte bibliografische Daten sind im
Internet über http://dnb.d-nb.de abrufbar.

Bibliographic information published by the Deutsche Nationalbibliothek
Die Deutsche Nationalbibliothek lists this publication in the Deutsche Nationalbibliografie;
detailed bibliographic data are available in the Internet at http://dnb.d-nb.de.

∞

Gedruckt auf alterungsbeständigem, säurefreien Papier
Printed on acid-free paper

ISSN: 1863-9798

ISBN-13: 978-3-8382-0456-7

© *ibidem*-Verlag
Stuttgart 2012

Vorwort

Die Hochschule Bremen ist bereits seit Jahrzehnten eine international sehr gut vernetzte und anerkannte große Fachhochschule in Deutschland. So landeten beim aktuellen Hochschulranking des Centrums für Hochschulentwicklung (CHE) mit den Internationalen Studiengängen Wirtschaftsingenieurwesen und Fachjournalistik sowie dem Studiengang Betriebswirtschaftslehre gleich drei von vier untersuchten Fächern der Hochschule Bremen in der Kategorie internationale Ausrichtung in der Spitzengruppe. Die Hochschule Bremen galt stets als Vorreiterin für wesentliche innovative Entwicklungen. Mit der Verleihung des „Best Practice Award" des CHE, des „Marketingpreises" des DAAD und der Auszeichnung als „Reformhochschule" durch den Stifterverband ist dies angemessen und öffentlich gewürdigt worden.

Diese herausgehobene Stellung zu erhalten und weiter auszubauen ist natürlich eine wesentliche Triebfeder, sich Entwicklungen zeitgemäß anzupassen. Deshalb wurde in der Hochschule Bremen in den letzten Jahren eine Reihe tiefgreifender Veränderungen initiiert, angefangen bei der Umstellung auf das Bachelor-/Mastersystem über die Reformierung bestehender und die Einrichtung neuer Studienprogramme bis hin zur Reorganisation der 9 Fachbereiche und ihrer Zusammenfassung zu 5 Fakultäten.

Bei all diesen Entwicklungsprozessen haben die Fachbereiche „Nautik und Internationale Wirtschaft/School of International Business (FB 6)" sowie „Wirtschaft (FB 9)" eine besondere Rolle in der Hochschule Bremen gespielt. Von Beginn an galt die Internationalisierung als das wesentliche Markenzeichen beider Fachbereiche. Seit März 2008 sind beide Fachbereiche zur Fakultät Wirtschaftswissenschaften fusioniert. Die Bezeichnung „School of International Business (SIB)" aus dem ehemaligen FB 6 wurde dabei auch für die neue Fakultät als bereits etablierter Markenname beibehalten, nicht zuletzt, um die besondere Bedeutung der Internationalität in der Fakultät zu unterstreichen.

Mit nunmehr über 3200 Studierenden prägt diese große Fakultät natürlich das Profil der Hochschule Bremen deutlich: Von den elf Bachelorstudiengängen und zehn Masterstudiengängen (davon drei als konsekutive Masterstudiengänge der Fakultät bzw. in Verbindung mit der Fakultät Gesellschaftswissenschaften) sind nahezu 90 % internationalisiert, zum großen Teil mit einem verpflichtenden Auslandsaufenthalt, einem erheblichen Anteil curricular verankerter englischsprachiger Lehrveranstaltungen, einer intensiven interkulturellen Vorbereitung auf Auslandsaufenthalte und einer multikulturellen Lehr- und Lernatmosphäre, die durch ca. 200 internationale Gaststudierende (Incomings) und viele Lehrende von internationalen Partnereinrichtungen geprägt ist. Die Fakultät unterhält ca. 80 Auslandskooperationen weltweit, die von ca. 500 Studierenden (Outgoings) für das Auslandsstudium/Auslandspraktikum genutzt werden.

Mit dem jährlichen SIB-Kongress bietet die Fakultät einer breiten Öffentlichkeit die Möglichkeit, sich intensiv mit den Leistungen der Fakultät vertraut zu machen und Studierende wie Lehrende kennen zu lernen.

In diesem Sinne ist auch der nun vorliegende neue Band der Schriftenreihe der School of International Business (in Kooperation mit dem *ibidem*-Verlag) als Aufforderung zu verstehen, sich mit ausgewählten Beiträgen unserer Lehrenden und Absolventen auseinander zu setzen.

Ich wünsche unseren Leserinnen und Lesern viel Freude bei der Lektüre und bin sicher, dass Sie sich von der Qualität unserer Fakultät auch auf diesem Wege überzeugen können.

Prof. Dr. Dietwart Runte
Dekan der School of International Business/Fakultät Wirtschaftswissenschaften

DANKSAGUNGEN

September 2008. A-Gebäude der HS Bremen und viele völlig verlorene Erstsemester des Internationalen Studiengangs Tourismusmanagement auf einem Haufen. Stille. Eine Willkommensrede, die einen gewissermaßen elitären Anspruch an die Studierenden wiederzugeben versucht. Zahlenreiche Philosophien über persönlichen Workload und Freizeitanspruch – „Ja ne, is' klar." Der Einstieg in den Tourismus und auch der Einstieg in eine einzigartige Gruppe, die allen Beteiligten Vorteil brachte. Den Studierenden selbst sowieso, aber auch der ein oder andere Dozent wird sich in einigen Jahren sicherlich mit einem Lächeln, vielleicht auch einem breiten Grinsen zurückerinnern.

Der größte Dank geht daher an alle meine Kommilitoninnen und Kommilitonen des Jahrgangs 2008: Gerade eben genug Männer, um auch mal zwei bis zwölf Pils beim Fußball trinken zu können. Locker genug Frauen, um neben den zweifelsohne wichtigen Fachkenntnissen nebenher auch persönlich zum Gentleman zu reifen. Dazu kontroverse Diskussionen außerhalb der Box. Überragend!

Zu dieser Studie selbst verdienen zudem zwei Herren besondere Erwähnung:

Prof. Dr. Felix Herle, wichtiger Unterstützer dieser Studie und erster Ansprechpartner in vielen Dingen des Studiums, aber auch außerhalb. Gemeinsame Projekte und ein gutes Verhältnis, lockere Atmosphäre und Fokussierung auf ein Ziel: Danke Felix!

Jürgen Bachmann, der diese Studie stets aus der praktischen Sicht begleitete und mit wertvollem Input nie hinter dem Berg hielt. Kritische Anmerkungen, konstruktive Auseinandersetzung und das Wissen, dass der gegangene Weg einen Befürworter mit fundiertem, praktischem Fachwissen hat: Danke Herr Bachmann!

Zu den fachlichen Unterstützern gesellen sich diejenigen, die außerhalb der Studie Zeit und Nerven aufgebracht haben:

Die Familie in Dortmund, ohne die vieles schlichtweg nicht möglich gewesen wäre: Besten Dank für die volle Unterstützung der teilweise doch chaotischen und exotischen Pläne! Das ein oder andere Heimatpaket war immer gern gesehen, telefonische Expertise immer hilfreich und das Wissen, zur Not immer einen Rettungsschirm zu haben: unbezahlbar! Besonderen Dank zudem an meine Schwester Kati für das finale Korrekturlesen und sprachliche Anregungen! Danke!

VII

INHALT

ABKÜRZUNGSVERZEICHNIS

In diesem Abkürzungsverzeichnis werden nur disziplinspezifische Abkürzungen aufgeführt; alle hier nicht erklärten Abkürzungen lassen sich im Duden finden und können folglich dort nachgeschlagen werden.

4U	-	Germanwings
AEA	-	Association of European Airlines
AMA	-	American Marketing Association
AZ	-	Aktenzeichen
B2B	-	Business to Business
BCG	-	Boston Consulting Group
CRS	-	Central Reservation System
DLR	-	Deutsches Zentrum für Luft- und Raumfahrt
FFP	-	Frequent Flyer Program
FVW	-	FVWmagazin, Tourismusfachzeitschrift der Niedecken Verlagsgruppe
GB	-	Geschäftsbericht
IT	-	Information Technology
JACDEC	-	Jet Airline Crash Data Evaluation Centre
MW	-	Mittelwert(e)
NetzFG	-	Netzfluggesellschaft
LCC	-	Low Cost Carrier
LH	-	Lufthansa Passage Airline (Einzelmarke innerhalb des Konzernes)
VFR	-	Visiting Friends and Relatives

ABBILDUNGSVERZEICHNIS

EXECUTIVE SUMMARY

Das vom Lufthansakonzern bekannt gemachte Pilotprojekt zum Testen der Konsumentenakzeptanz einer Kooperation der Konzernmarken Lufthansa Passage Airline und Germanwings bringt drei Modelle möglicher Kooperation hervor:

- Markendehnung der Lufthansa in das preissensible Segment
- Markenwerttransfer der Lufthansa auf die Germanwings
- Co-Branding Strategy durch Schaffung gemeinsamer Produktlinien.

Da beide Marken im dezentralen Europaverkehr nicht profitabel operieren, erscheint die Intention des Lufthansakonzerns eine Bündelung der Verkehre zu sein. Dies bedingt die Austauschbarkeit beider Marken, um die bisherigen separaten Kundenstämme beim *Delisting* einer der Marken zusammenführen zu können. Anhand von 13 das Gesamtprodukt umfassenden Bewertungskriterien werden im Rahmen einer onlinebasierten Umfrage von 436 Befragten die Images der beiden Marken bewertet. Die Ergebnisse beweisen nicht vorhandenen *Image Fit* und eine signifikante Inferiorität der Marke Germanwings.

Im Prozess der Airlinewahl wird im ersten Schritt nach der verbindenden Entscheidungsregel ein Markenrepertoire im Sinne eines *Evoked Sets* gebildet. Die Anzahl der geprüften Bewertungskriterien steht hierbei in Abhängigkeit vom *Involvement*, welches sich für den deutschen Markt als eher niedrig herausgestellt hat. Dies suggeriert, dass Marken vom Konsumenten im deutschen Airlinemarkt nur auf die relevantesten Kriterien geprüft werden und macht eine Betrachtung nach Marktsegmenten notwendig. Entscheidend ist somit nicht das Gesamtimage, sondern das Image pro segmentspezifisch relevanten Kriterien. Auch diese Betrachtung lässt keine Schnittmengen erkennen, einzig das Modell der Markendehnung in den preissensiblen Bereich erweist sich durch die Akzeptanz potentieller Germanwings-Kunden der Lufthansa gegenüber als in einer kurzfristigen Betrachtung erfolgversprechend.

Die Kooperationsbarrieren haben ihren Ursprung in abweichenden Produkten, jedoch ist das Image der Germanwings schlechter als ihr Produkt. So wird der Preis als maßgeblicher Ersatzindikator angewendet, was dem Image der Germanwings schadet. Produkterfahrung hat einen deutlich positiven Einfluss auf das Image der Germanwings in den relevantesten Kriterien. Zudem wird bisher kein Imagegewinn durch die Übertragung des Markenwertes der Lufthansa erzielt, die

Konzernzugehörigkeit nach jetzigem Kooperationsniveau hat trotz hohem Konsumentenwissen hierüber keine geregelten Auswirkungen. Die autonome Führung der Marke Germanwings wird demnach abgestraft, zumal die Kooperation bis dato auf Produktattributen stattfindet, deren Relevanz nicht maßgeblich für die Entscheidung ist. Insbesondere Lösungen für das Bodenprodukt, die vollständige Integration der Germanwings in das *Miles-and-More*-Programm und die Differenzierungsmöglichkeit nach Serviceklassen müssen der Untersuchung nach zukünftig die Produkte näher zusammen führen. So entstehen nach momentanem Stand hohe Wechselkosten für einen Wechsel von der Lufthansa zur Germanwings, sodass aufgrund der habituellen Entscheidungsformen ein Wechsel zur qualitativ vergleichbaren Konkurrenz wahrscheinlicher erscheint.

1. EINLEITUNG

Mit dieser Studie wird zum Aufdecken von Markenkooperationspotenzialen im deutschen Markt der Fluggesellschaften beigetragen. Die Akzeptanz der Konsumenten für die Kooperation zweier in ihren Geschäftsmodellen konträrer Marken im Luftverkehrsmarkt wird am Beispiel der zur Lufthansa Passage Airline Group gehörenden Netzfluggesellschaft Lufthansa (LH) und dem ebenfalls zum Konzern gehörenden Low Cost Carrier (LCC) Germanwings (4U) mit Konsumentenfokus überprüft: Die Markenimages sind Antezedenten der kundenseitigen Akzeptanz für eine Kooperation.

1.1 FRAGESTELLUNG

Die Studie stellt heraus, dass sowohl nach objektiven Kriterien als auch in subjektiver Bewertung eine signifikante Qualitätsdifferenz zwischen den Marken besteht. Es stellt sich die Frage, zu welchem Grad die konträr positionierten Angebote der Premiummarke LH und der Billigmarke 4U von den Kunden als mögliche Kooperationspartner akzeptiert werden.

Abbildung 1: Fragestellung im Kontext Branding nach Petromilli, Morrison & Million (2002, S.24)

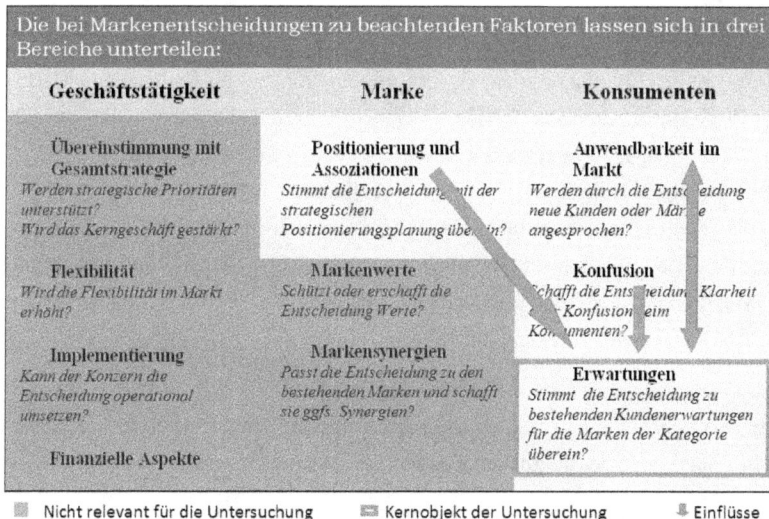

Die bei Markenentscheidungen zu beachtenden Faktoren lassen sich in drei Bereiche unterteilen:

Geschäftstätigkeit	Marke	Konsumenten
Übereinstimmung mit Gesamtstrategie *Werden strategische Prioritäten unterstützt? Wird das Kerngeschäft gestärkt?*	**Positionierung und Assoziationen** *Stimmt die Entscheidung mit der strategischen Positionierungsplanung überein?*	**Anwendbarkeit im Markt** *Werden durch die Entscheidung neue Kunden oder Märkte angesprochen?*
Flexibilität *Wird die Flexibilität im Markt erhöht?*	**Markenwerte** *Schützt oder erschafft die Entscheidung Werte?*	**Konfusion** *schafft die Entscheidung Klarheit oder Konfusion beim Konsumenten?*
Implementierung *Kann der Konzern die Entscheidung operational umsetzen?*	**Markensynergien** *Passt die Entscheidung zu den bestehenden Marken und schafft sie ggfs. Synergien?*	**Erwartungen** *Stimmt die Entscheidung zu bestehenden Kundenerwartungen für die Marken der Kategorie überein?*
Finanzielle Aspekte		

Nicht relevant für die Untersuchung   Kernobjekt der Untersuchung   Einflüsse

Für die Beantwortung dieser Frage entscheidend ist das subjektive Empfinden der Kunden. Forgas et al (2011) stellen den emotionalen Wert als wichtigstes Kriterium der Airlineloyalität heraus, Aspekte der Markenarchitektur sind laut Petromilli, Morrison und Million (2002) bei Markenentscheidungen nachrangig. Sie unterscheiden drei Gebiete, die bei der verspätet stattfindenden Integration und Entautonomisierung der von Lufthansa zugekauften Marke Germanwings zu beachten sind: Geschäftstätigkeit, Marke und Konsumenten (vgl. Abb. 1). Die Erwartungsdimension der Konsumentenseite ist der Hauptfokus und nur einzelne auf die Erwartungen wirkende Elemente werden ergänzend aufgegriffen, so etwa die undurchsichtige Markenarchitektur innerhalb der Lufthansa Passage Airline Group.

Es wird deutlich, dass wesentliche Einflüsse auf das reale Kooperationspotenzial durch den Konsumentenfokus vernachlässigt werden. Daher kann kein endgültiges Urteil entstehen, aber Einflussfaktoren können benannt und bewertet werden. Die fallspezifische Frage lautet:

Welche Einflüsse auf das Kooperationspotenzial der Marken LH und 4U lassen sich aus der Konsumentenperspektive feststellen, und in welche Richtung wirken diese?

1.2 RELEVANZ DER FRAGESTELLUNG

Seit dem Zukauf 2009 wurde die 4U im Lufthansakonzern als flankierende Marke für den LCC-Markt autonom geführt. Dabei schreibt sie laut GB von 2011 (LH 2012h, S. 68) operative Verluste, zudem berichten multiple Quellen (u. a. Koenen 2011; Friese 2012) über defizitäre Ergebnisse der LH im Europaverkehr. Im dezentralen Direktverkehr stehen die Marken zudem im konzerninternen Wettbewerb, möglicher Kannibalismus sorgt somit für Nachteile. Daher wird seit längerem über eine Neuordnung des Europaverkehres und eine mögliche tiefgehende Markenkooperation spekuliert.

Diese Kooperation sollte laut FVW (25. Mai 2012, S. 8f) in einer einjährigen Testphase in drei Einzelprojekten angestoßen werden, um die Akzeptanz der Marken in den Zielgruppen der möglichen Kooperationspartner zu testen.

Die Lufthansa AG hat, auf den Standort Stuttgart beschränkt, Ende des Jahres 2011 eine einschneidende Ausweitung der Kooperation in der Netzplanung angekündigt: Ab 02/2012 hat 4U die Strecke Stuttgart – London/Heathrow bereits von der LH übernommen, ab Sommer 2012 folgten alle fünf europäischen Direktverbindungen ex Stuttgart. Ebenso werden innerdeutsche Direktverbindungen ex Stuttgart von der 4U bedient, jedoch nicht die Zubringerflüge zu den Umsteigeflughäfen in Frankfurt, München und Düsseldorf (Bentsche 2011, 4U/LH 2011). Die Kooperation soll folglich im Stuttgarter Modell zunächst ausschließlich im Point-to-Point-Verkehr stattfinden.

Analog zum Testen der Gruppe von LH-Kunden auf ihre Akzeptanz der Marke 4U testet das Berliner Modell den Erfolg der Marke LH im preissensiblen Segment, indem standortbezogen ein von der LH bedienter Point-to-Point-Betrieb zu günstigen Konditionen aufgebaut wird (Koenen 2011a). Zusätzlich wird im Dortmunder Modell ex Dortmund getestet, ob eine Kombination der Marken von den Konsumenten dahingehend angenommen wird, dass Zubringerflüge zu den Hubs der LH von der 4U operiert werden können.

Die Lufthansa AG betritt mit der Kooperation der beiden Marken Neuland und schreibt dem Vorhaben in Stuttgart in der gemeinsamen Pressemitteilung von LH und 4U (2011) selbst eine „wichtige Vorbildfunktion für die Lufthansa-Gruppe" zu. Analog berichtet Vorstandschef Franz von Plänen, bei einem Erfolg der Projekte weitere Standorte einzubeziehen (Koutoumanos 2012; auch 4U/LH 2011). Die Integration der Marken innerhalb des Markenportfolios soll weitreichend vertiefen werden (Webb 2012). Spiegel Online (2012) spekulierte Anfang Mai 2012 bereits über eine komplette Zusammenlegung des dezentralen Europageschäfts der LH mit der 4U. Stern.de (2012) beruft sich auf einen Konzernsprecher und schreibt, dass diese mögliche Zusammenlegung die Konkurrenzfähigkeit im Direktverkehr steigern solle und weiterhin, dass eine Markenentscheidung für die entstehende Kooperationsfluggesellschaft noch nicht feststehe. Alternativen für die mit der Lizenz der 4U ausgestatteten Fluggesellschaft wären laut Der Spiegel (Deckstein 2012) die bestehenden Marken 4U/LH und ein Neulaunch, was im Falle der Realisierung des Projektes unter anderem eng an Markenimages geknüpft im Herbst 2013 entschieden werden soll.

Nach Beendigung der Studie wurde bekannt, dass der Lufthansakonzern die dezentralen Europaverkehre tatsächlich bündeln wird – die operierende Fluggesellschaft wird unter der Marke Germanwings operieren (LH 2012n).

Der Aspekt der Angebotsqualität, bei der aufgrund der Positionierung der 4U eine Senkung erwartet werden kann, wird in den Pressemitteilungen nicht aufgegriffen. Lufthansas Vorstandsmitglied Carsten Spohr gibt ausweichend an, dass Serviceunterschiede zwischen den Billig- und Premiumfluglinien geringer geworden sind (Bentsche 2011). Einen Anhaltspunkt zur tatsächlichen Differenz in der Angebotsqualität liefert Skytrax, die größte unabhängige Organisation für Airlineratings und awards. Sie stuft LH und 4U anhand objektiv messbarer Kriterien stark unterschiedlich ein (Skytrax 2012; 2012a). Diese Einstufung bezieht sich ausdrücklich auf ein Set aus objektiv messbaren Kriterien, nicht auf kundenseitige Betrachtung – es beweist jedoch einen Qualitätsunterschied.

Die Wahrnehmung der Kunden, das Markenimage, soll auch auf Seiten der LH die Entscheidung beeinflussen, anders ist die – wie ursprünglich geplant - einjährige und sehr kostenintensive Testphase nicht zu erklären. LH als (ehemaliger) Nationalcarrier profitiert von sehr vorteilhaftem Konsumentenwissen und besitzt gerade im Vergleich zu Mitbewerbern demnach einen Vorteil, insbesondere gegenüber Anbietern im Billigsegment. Diese Annahme wird u. a. gestützt durch die BrandIndex-Imagestudie der Beraterfirma YouGov (2012), bei der LH deutschlandweit als Airline mit dem höchsten Beliebtheitswert abschnitt. Billigflieger sind nicht unter den beliebtesten Airlines, RyanAir wurde studienübergreifend europaweit auf den letzten Platz gewählt (Handelsblatt 2012, Schratzensteller & Jung 2012). Bereits im Jahr 2003 konstatierte jedoch die Werbeagentur Advico Young & Rubicam, dass die Billigflieger beim Markenwert aufholen (BILANZ 2003). Zur Frage, wie weit diese Annäherung fortgeschritten ist, und vor allem wie sie sich inhaltlich darstellt, soll diese Studie beitragen. Die Ergebnisse einer Studie von TripAdvisor (Schratzensteller & Jung 2012) und auch Maurer (2006, S. 43 ff) weisen zudem dem Preis die wichtigste Funktion bei der Anbieterwahl zu – ein weiteres Indiz für die Marktstärke der Billigflieger.

1.3 HERANGEHENSWEISE

Um die der Untersuchung zugrunde liegenden Theorien, Konzepte und Begrifflichkeiten inhaltlich abzubilden und von möglichen abweichenden Definitionen abzugrenzen, werden zunächst die im Kontext der Studie stehenden theoretischen Aspekte klar definiert. Dies beinhaltet eine branchenspezifische Einführung in relevante Begrifflichkeiten und Geschäftsmodelle der Luftverkehrsindustrie, wobei nur die für vorliegende Kooperation relevanten Aspekte abgedeckt werden. Gleiches gilt für die Bereiche des Konsumentenverhaltens und der Markenführung. Anhand dieses Hintergrundes, der hauptsächlich aus Marketingstandardwerken und einschlägigen wissenschaftlichen Fachzeitschriften erarbeitet wurde, wird der Status quo der beiden Luftverkehrsgesellschaften LH und 4U analysiert. Dies beinhaltet sowohl eine knappe Darstellung der Geschäftsmodelle, den Stand der Marken im Gesamtkonzern als auch die geplante Kooperation.

Die Zusammenführung der gesammelten Erkenntnisse mit Standardtheorien über die Erfolgsfaktoren von Markenerweiterungen ergibt im Zusammenspiel mit der Situation im Lufthansakonzern samt bekannter Kooperationspläne eine Reihe von Einflussgrößen auf die Akzeptanz der Konsumenten für die Kooperation. Insbesondere der *Fit* in der Imagebetrachtung von Stammmarke und Erweiterungspartner wird von multiplen Quellen als erfolgskritisch beschrieben. Die Betrachtung dieses *Fit* bedarf des Wissens über die momentanen Markenimages, die anhand einer internetbasierten Primärerhebung untersucht werden. Ziel der Erhebung ist es, die attributspezifischen Markenimages der beiden Marken abzubilden, um sowohl einen Gesamtfit, als auch eine Betrachtung nach Produktbereichen zu ermöglichen. So werden für beide Marken vergleichbare Images der wahrgenommenen Performance je Produktmerkmal gestützt abgefragt und modelliert.

Aus der theoretischen Auseinandersetzung ergeben sich mit der Produkterfahrung, Produktpräferenz, habituellen Verhaltensweisen, psychologischen Bewertungsprozessen und markenarchitektonischen Begebenheiten Einflussfaktoren, die abseits des kognitivistischen Paradigmas des rational handelnden *Homo Economicus* die Imagebildung zu erklären versuchen. Weiterhin wird deutlich, dass der Gesamtmarkt der Flugreisenden bedingt durch heterogene Flugfrequenzen,

Reiseanlässe und Notwendigkeiten mit einer Gesamtbetrachtung nicht ausreichend detailliert beschrieben wird.

Um Konkretisierungen bei der Erklärung des Konsumentenverhaltens und damit letztlich bei der Aussage über eine Kooperationsakzeptanz in die Ergebnisbewertung einbeziehen zu können, werden die oben aufgeführten Aspekte in die Befragung integriert. So ergeben sich kategorisierbare Markenimages. Die Auswirkungen dieser Einflussfaktoren können so mittels eines Vergleiches der segmentierten Images sowohl untereinander als auch mit dem Durchschnitt der Gesamtstichprobe abgebildet werden.

Dies erlaubt neben Aussagen über das Kooperationspotenzial, welches sich aus der Übereinstimmung der Produktkategorien, dem *Image Fit* der beiden Marken und individuellen Charakteristika ergibt, auch die Benennung von Gründen des Status quo, die sich nicht exklusiv auf faktisch vorhandene Unterschiede der Produkte berufen und so Möglichkeiten der Steigerung des Potenzials bei weitestgehend gleichbleibenden Produkten aufzeigen.

2. THEORIEN, KONZEPTE, DEFINITIONEN

Die genutzten Konzepte und Begrifflichkeiten werden zum Einstieg aus einer Vielzahl verschiedener Medien und Autoren zu einer stimmigen Einführung in die Thematiken zusammengeführt. Relevantes Basiswissen im Bereich der Fluggesellschaften und derer Geschäftsmodelle wird vermittelt, bevor im Anschluss die Konsumentenseite im spezifischen Prozess der Fluggesellschaftswahl beleuchtet wird. Als Verbindungspunkt zwischen Unternehmen und Konsument wird die Markenthematik auf das Markenimage als wichtigsten Anhaltspunkt bei Konsumentenentscheidungs- und firmenseitigen Markendehnungsprozessen eingegrenzt. Entstehung, Relevanz und Auswirkungen des Images werden erklärt.

2.1 AUSGEWÄHLTE ASPEKTE DER AIRLINE-INDUSTRIE

Die Kooperation zwischen LH und 4U ist aufgrund des Status als Wettbewerber auf der gleichen Wertschöpfungskettenebene horizontaler Natur (Bühler 2011, S. 2). Die beiden Marken unterscheiden sich jedoch deutlich in ihren Geschäftsmodellen, sodass der Markt von Anbieterseite her einer Segmentierung bedarf, um LCCs von traditionellen Airlines abzugrenzen und LH und 4U einzuordnen. Anschließend werden die betreffenden Geschäftsmodelle skizziert und bewertet, um die behandelten Fluggesellschaften einzuordnen.

2.1.1 ANGEBOTSSEGMENTIERUNG IM FLUGGESELLSCHAFTSMARKT

Abbildung 2: Untersuchungsobjekt im Kontext der Definition von Airlines nach Conrady (2012)

Eine **Fluggesellschaft** ist nach Conrady (2012) ein

> „Unternehmen, deren Geschäftszweck die Beförderung von Personen, Fracht und Post auf dem Luftwege ist".

Für vorliegende Studie sind ausschließlich so genannte Passage-Fluggesellschaften mit dem Zweck der Personenbeförderung relevant. Diese werden unterschieden zwischen Fluggesellschaften des öffentlichen Flugverkehrs, genannt Linienverkehr, und nicht öffentlichem Verkehr, wie etwa Charterverkehr oder privater Luftfahrt (Conrady 2012). Relevant ist ausschließlich der öffentliche Linienverkehr, da dieser

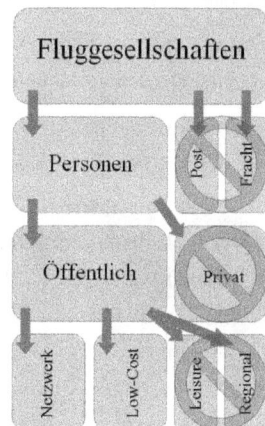

Fluggesellschaften

Personen / Post / Fracht

Öffentlich / Privat

Netzwerk / Low-Cost / Leisure / Regional

das Kerngeschäftsfeld der beiden untersuchten Marken darstellt. Der Begriff Fluggesellschaft ist nachfolgend als öffentliche Passage-Fluggesellschaft zu verstehen.

In diesem Segment findet eine qualitative Unterteilung der angebotenen Produkte statt, wobei die Zuordnung des Flugproduktes zu einer der klassischen Kategorien Produktgut bzw. Service aufgrund der Existenz von Aspekten beider Felder nicht eindeutig möglich ist. Der Serviceaspekt des Produktes beinhaltet nach der Definition von Serviceleistungen (u. a. Gilmore & Carson 1996, Iacobucci 2011) jegliche Interaktion zwischen Mitarbeitern der Airline und dem Konsumenten: etwa Check-In, Begrüßung oder der Service an Bord. Demgegenüber stehen physische Produktattribute: etwa Essensqualität, bauliche Einrichtung, Ausstattung des Fluggerätes. Das Flugprodukt erscheint heterogen und eine qualitative Unterteilung der im Markt befindlichen Anbieter kann nur unter Berücksichtigung der Gesamtheit von Aspekten erfolgen. Ebenso bedarf die Bildung von Markenimages einer produktbezogenen ganzheitlichen Betrachtungsweise.

Im öffentlichen Fluggesellschaftsmarkt wird in der Literatur nach vier Anbieterkategorien unterschieden (vgl. Abb. 2; auch Maurer 2006, S. 30 ff), von denen sich **Billigfluggesellschaften (‚Low Cost')** als Geschäftsmodell der 4U und **Netzfluggesellschaften (‚Netzwerk')** als Betätigungsfeld der LH als relevant erweisen. Maurer (2006, S. 30) merkt an,

> „dass die Grenzen zwischen den einzelnen Geschäftsmodellen fließend sind bzw. ein Luftverkehrskonzern mehrere Modelle betreiben kann".

Es stellt sich die Frage, welche Produktcharakteristiken Netzwerkcarrier und LCCs voneinander unterscheiden.

Das Preisniveau ist der am offensichtlichsten kommunizierte Unterschied. Ein Blick auf aktuelle Angebote multipler Marken im Europaverkehr quantifiziert dies: Der radikale LCC RyanAir (2012) warb im Untersuchungszeitraum Frühjahr 2012 auf seiner Website mit Preisen im Europaverkehr ab 10,99 €, das günstigste Angebot von 4U (2012) wurde mit 24,99 € beworben, während der Netzflieger LH (2012 f) mit Preisen ab 99 € warb. Eine deutliche Preisdifferenz zwischen den Anbietern im LCC-Segment und Netzwerkfluggesellschaften ist demzufolge offensichtlich. Stiftung Warentest (2007, 2009) bestätigt in zwei Tests diese Preisdivergenz: Das billige Extrem mit Ryanair und Easyjet unterscheidet sich prägnant von den

Netzfluggesellschaften. Es gibt jedoch keine klar definierte Grenze, ab der eine Fluggesellschaft definitiv dem Billigsegment zuzurechnen ist: 4U etwa wird von der Stiftung Warentest nicht als LCC geführt.

Vielmehr ist der Preis nicht zwingend ein Indikator von Qualität (Quester, Pettigrew & Hawkins 2011, S. 138), sodass sich ergebende Unterschiede in der Ausgestaltung des Produktes sowie der Qualität der Produktattribute für die objektive Betrachtung von größerer Bedeutung sind. Daher werden typische Produkte von LCCs und Netzfluggesellschaften folgend allgemein dargestellt.

2.1.2 DIE PRODUKTGESTALT VON NETZFLUGGESELLSCHAFTEN

Das Konzept der **Netzfluggesellschaft** ist älter als das der LCCs, daher werden sie in der Literatur aufgrund der kognitiven Verankerung als Standard auch als „normal" (Fuchs, Mundt & Zollondz 2008, S. 102) oder als „traditional airline companies" (Forgas et al 2010, S. 230) bezeichnet. Das DLR (2008, S. 5) nennt sie „Full Service Network Carriers" und nimmt einen Qualitätsanspruch in die Definition mit auf.

Laut Maurer (2006, S. 31) verfügen sie über international bekannte Markennamen und sind global im Markt präsent, wobei sie im Heimatmarkt mit dem Heimatflughafen der Flotte die stärkste Präsenz zeigen. Der Komfortfokus, sowohl den Umfang der inklusiven Leistungen als auch die Qualität dieser betreffend, und das Operieren im Mehrklassenkonzept sorgen für die Ansiedlung im oberen Preis- sowie die starke Position im Geschäftsreisesegment (Maurer 2006, S. 31). Dieser hohe Standard im Service ist gemeinsam mit dem umfangreichen Streckennetz das wichtigste Qualitätsmerkmal und im Mittelpunkt stehender Kommunikationsgegenstand, der Preis spielt eine untergeordnete Rolle. Die Literatur interpretiert den Qualitätsbegriff nicht weiter, sondern benennt mit Catering, Terminals, Lounges, *In-Flight Entertainment* und Kabinenservice lediglich Bereiche, in denen gehobener Service angeboten wird. Auch das Deutsche Zentrum für Luft- und Raumfahrt (2008, S. 7) benennt als Standard lediglich ein System von „2-4 service classes" mit „dedicated services in business and first class". Es kann angenommen werden, dass diese Serviceleistungen zumindest in der überwältigenden Mehrzahl im Preis inbegriffen und je nach Serviceklasse unterschiedlich ausgeprägt sind, wobei immer ein vergleichsweise hoher Mindeststandard an inklusivem Service und Servicequalität gehalten wird. Für Produkte dieser Kategorie ist daher im Einklang mit der Markendefinition aus Kapitel 2.3.1 und in Relation zum Gesamtmarkt die

Einordnung als Premiumprodukt gerechtfertigt. Unter den Netzfluggesellschaften kann es allerdings Marken geben, die von Konsumentenseite nicht als ‚Premium' wahrgenommen werden, weshalb es sich verbietet, Netzfluggesellschaftsmarken per se als Premiummarken zu bezeichnen. Für den Kunden stellt sich das auf hohe Qualität ausgelegte Geschäftsmodell in den sichtbaren/erlebbaren operativen Ebenen wie folgt dar:

Streckenplanung

Abbildung 3: 'Hub-and-spokes'-System nach Maurer (2006, S. 386)

Die Streckenplanung der Netzgesellschaften ist auf ein global flächendeckendes Angebot an Destinationen mit möglichst hoher Konnektivität ausgerichtet (Maurer 2006, S. 30 ff; Fuchs, Mundt & Zollondz 2008, S. 482 ff). Um dies sicherzustellen, verfahren die Netzgesellschaften nach dem *Hub-and-spokes*-System: Zubringerflüge von den Destinationen *(spokes)* landen an der Drehscheibe *(hub)*

○ Hub   ● Spoke

und die Reisenden werden zeitnah auf Abbringerflüge zu den Destinationen umverteilt (Maurer 2006, 386 ff). Um dies kundenfreundlich zu gestalten und Wartezeiten zu minimieren, sind laut Fuchs, Mundt & Zollondz (2008, S. 483) Hubs mit hohen Frequenzen und mannigfaltigen Verbindungen notwendig.

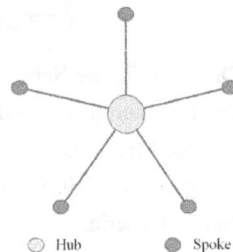

Code Sharing[1] und *Interlining*[2] sind hierfür von entscheidender Bedeutung und werden von allen Netzfluggesellschaften zur Optimierung des Streckennetzes ohne die Notwendigkeit eines eigenen Flugangebotes genutzt, vor allem im Rahmen der drei globalen Marketingallianzen Star Alliance, Skyteam und OneWorld. Hierbei wird die Gesamtstrecke bei der präferierten Fluglinie gebucht, aber in Teilen von anderen, qualitativ vergleichbaren Fluglinien der Allianz geflogen. Trotzdem erfolgen Servicedienstleistungen, die nicht in unmittelbarem Zusammenhang mit dem Flugprodukt an Bord stehen - bspw. der Check-In - bei der Airline, durch die die Buchung generiert wurde. Da Netzfluggesellschaften Primärflughäfen[3] und somit alle international bedeutenden Hubs anfliegen (Maurer 2006, S. 32), lässt sich so mit ein

---

[1] Abkommen zweier oder mehrerer Airlines, denselben Flug durch alle Abkommensunterzeichner unter eigener Flugnummer zu vertreiben (IATA 2007)

[2] Möglichkeit, von diversen Airlines operierte Teilstrecken auf ein Ticket zu buchen (IATA 2007)

[3] Flughäfen mit hohem Passagieraufkommen, die den Hauptflughafen einer Region darstellen und meist nah an Ballungszentren liegen (Bräuer 2011, S. 5 f; Maurer 2006, S. 386 ff)

und derselben Buchung weltweit fast jede bedeutende Destination durch Umsteigeverbindungen erreichen, oft mehrmals täglich. Für global agierende Gesellschaften besteht laut Maurer (2006, S. 34) die Pflicht globaler Kooperationen und Allianzen, um wettbewerbsfähig zu bleiben.

Obwohl die Netzgesellschaften um kurze Transitwege und reibungslose Gepäckbeförderung (Fuchs, Mundt & Zollondz 2008, S. 483) bemüht sind, stellt sich das Prozesskonstrukt sehr komplex und störanfällig dar. Verspätungen treten schon bei kleineren Unzulänglichkeiten auf, da teils auf verspätete Flüge gewartet werden muss, um das diffizile System aus miteinander verwobenen Flügen aufrechtzuerhalten (Maurer 2006, S. 386 ff).

Vertrieb und Reisevorbereitung

Netzfluggesellschaften vertreiben ihre Produkte über multiple Kanäle, auch im Fremdvertrieb (Maurer 2006, S. 31). Dies stellt sicher, dass der präferierte Kanal möglichst vieler Nutzer bedient wird. Die Nutzung von CRS ermöglicht Platzreservierungen und eine gesteigerte Ticketflexibilität, speziell Umbuchungen und Stornierungen betreffend (Fuchs, Mundt & Zollondz 2008, S. 483). Die Mehrzahl der Netzfluggesellschaften bietet mit Economy und Business Class mindestens zwei Serviceklassen an (DLR 2008). Ausgewählte Anbieter verfügen zusätzlich über eine nochmals höherwertige First-Class (Maurer 2006, S. 31). Premium Economy wird teils als Angebot zwischen Economy und Business geführt. Weiteres Alleinstellungsmerkmal der Airlines ist die Möglichkeit, auf allen eigenen und vielen von Allianzpartnern ausgeführte Flügen Meilen für Vielfliegerprogramme (FFPs) zu sammeln. Diese können bei Erreichen bestimmter Grenzen für mannigfaltige Prämien, u. a. Upgrades in höhere Serviceklassen, genutzt werden. Oftmals ist mit dem Ansammeln von Meilen auch der Erwerb eines Status verbunden, der Vorteile wie Loungenutzung oder bevorzugten Check-In bietet (u. a. Miles and More 2012a).

Bodenabfertigung und In-Flight

Auf Wunsch kann am Automaten eingecheckt werden, es gibt jedoch stets das Angebot, am Schalter mit direktem Mitarbeiterkontakt einzuchecken. Kunden der verschiedenen Serviceklassen erhalten entsprechenden Service, auch der Status im Vielfliegerprogramm bietet vielerorts Vorteile beim Check-In. Airlineeigene Wartebereiche (Lounges) sind gängiger Standard und Zugangsberechtigungen können nach Serviceklasse differenziert werden. Die Freigepäckgrenze liegt für innereuropäische Flüge i. d. R. bei 23 kg in der Economy Class, so z. B. bei der LH (2012g). An Bord sitzen die Gäste nach Serviceklasse getrennt und erhalten angepassten Service. Produktattribute wie ausreichender Sitzabstand, inbegriffene Verpflegung, fluglinieneigener Wartebereich an Flughäfen, kostenlose Zeitungen im Flieger und viele mehr werden bereits in der Economy Class als Standard im Sinne des ‚Full Service'-Gedankens angesehen. Es werden zu jeder Zeit alle Sicherheitsbestimmungen eingehalten (Maurer 2006, S. 30 ff; Fuchs, Mundt & Zollondz 2008, S. 482 f).

2.1.3 DIE PRODUKTGESTALT VON BILLIGFLUGGESELLSCHAFTEN

Billigfluggesellschaften *(Low Cost Carrier,* in Deutschland auch Billigflieger oder -airlines, nach Maurer 2006, S. 43) zeichnen sich durch einen alle Unternehmensbereiche betreffenden Kostenfokus aus, der zwar niedrige Preise, aber auch ein niedriges Qualitätsniveau nach sich zieht (Maurer 2006; Fuchs, Mundt & Zollondz 2008; Dorsch 2009). Die niedrigen Kosten und die daraus resultierende Möglichkeit,

„ihre Flüge [...] sehr deutlich unter den Preisen von normalen bzw. Netzfluggesellschaften"

anzubieten, sind laut (Fuchs, Mundt & Zollonz 2008, S. 102) Resultat dieser Kostenfokussierung auf allen operativen Ebenen und der größte Wettbewerbsvorteil der LCCs (Dorsch 2009, S. 216). Jeder Kostenvorteil wird durch direkte Überführung in niedrigere Preise und die Alleinigkeit des Preises als Marketinggegenstand direkt zu einem Produktvorteil. Diese extreme Ausrichtung auf preissensible Kundensegmente kann von den Netzfluggesellschaften aufgrund des mit dem eigenen Geschäftsmodell nicht zu vereinbarenden Servicelevels nicht einfach kopiert werden.

Das Serviceniveau kann nach Fuchs, Mundt & Zollondz (2008, S. 102) so niedrig sein, dass von „gar keinem Bordservice" gesprochen werden kann – mindestens ist es aber reduziert im Vergleich zu konventionellen Fluggesellschaften (Maurer 2006, S. 43). Es werden analog zur Markendefinition aus Kapitel 2.3.1 die Kriterien eines Billigproduktes bzgl. des Preises und der Qualität erfüllt, Billigfluggesellschaften sind verglichen mit dem Gesamtmarkt objektiv als Billigmarken zu benennen. Auch hierbei gilt, dass Marken aus einer Einzelbetrachtung heraus trotz Zugehörigkeit zum Billigsegment ein besseres Image zugewiesen werden kann.

Obwohl es „keine Low cost-Strategie schlechthin gibt" (Maurer 2006, S. 45), lassen sich typische Merkmale definieren. Analog zur Beschreibung der Netzfluggesellschaften stellt sich das Geschäftsmodell für Billigfluggesellschaften in den Kundenkontaktpunkten wie folgt dar:

Streckenplanung

Abbildung 4: ‚Point-to-Point'-System nach Maurer (2006, S. 410 f)

Billigairlines operieren i. d. R. im Kurz- und Mittelstreckenverkehr und tun dies im dezentralen Point-to-Point-Betrieb[4] ohne Netzbildung, sprich ohne Umsteigeverkehr (Maurer 2006, S. 47; Dorsch 2009, S. 216). Ihr Flugplan setzt sich so aus unkoordinierten Einzelverbindungen mit geringer Konnektivität zusammen: Vereinfacht gesagt kommt man zwar von A nach B, aber nicht koordiniert weiter nach C oder gar nach D. Iatrou & Oretti (2007, S. 203) stellen jedoch fest, dass die Flugplanoperationen der LCCs sich

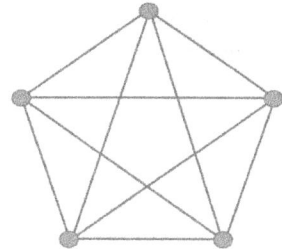

„from a strictly point-to-point, zero frills structure to a new hybrid form encompassing some degree of networked operations"

verändern.

Zur Präferenz geringer Konnektivität passt, dass LCCs unabhängig operieren: Allianzen, *Interlining* und *Codesharing* spielen keine Rolle (Maurer 2006, S. 47 f). Hierbei wird durch die häufige Markteinführung neuer Strecken das Erreichen neuer Zielgruppen forciert, um eigene Nachfrage zu generieren (Maurer 2006, S. 46). Das Ausweichen auf wenig genutzte Sekundärflughäfen in der Nähe von touristischen Zielen (Maurer 2006, S. 47; auch Dorsch 2009; Fuchs, Mundt & Zollondz 2008) erlaubt zusammen mit der Tatsache, dass keine umsteigebedingten Verzögerungen auftreten können, kurze Umkehrzeiten und damit eine häufige Flugfrequenz (Fuchs, Mundt & Zollondz 2008, S. 104). Die Effektivität in den schlanken Prozessen und das Verzichten auf Umsteigeverkehr sorgt zudem für eine hohe Pünktlichkeitsrate (Dorsch 2009, S. 216 f), auf die vor allem Ryanair mit 85 % pünktlicher Flüge laut Jahresbericht 2011 (Ryanair 2011, S. 6) stolz ist. Dorsch (2009, S. 218) weist zudem darauf hin, dass die Verfügbarkeit von Slots[5] zu

---

[4] Nach Maurer (2006, S. 410): „Vielzahl von Direktverbindungen", Gegenteil vom Hubverkehr
[5] Im Flugplan verankerte, geplante Ankunfts- bzw. Abflugszeit (IATA 2007)

attraktiven Tageszeiten durch die Nutzung der Sekundärflughäfen auch in vielfrequentierten Ballungszentren gesichert sei.

Vertrieb und Reisevorbereitung

Die Literatur kommt überein, dass der exklusive Direktvertrieb samt Online-Check-In und dem Umstieg auf selbst zu druckende Tickets trotz der geringeren Kundenfreundlichkeit ein wesentlicher Vorteil für die LCCs ist. Die Prozesse werden zusätzlich dadurch vereinfacht, dass überwiegend nur eine Buchungsklasse zur Verfügung steht (Maurer 2006, S. 46) und auf Sitzplatzreservierungen verzichtet wird (Maurer 2006, S. 48). Maurer (2006, S. 46) sieht das Gesamtprodukt LCC nicht so engstirnig und weist darauf hin, dass auch Mehrklassensysteme mit vollem Service im Billigsegment angesiedelt sein können. Die Freigepäckgrenzen werden als gering beschrieben (Maurer 2006, S. 46) und sind mittlerweile gänzlich weggefallen, sodass beim Wunsch nach Gepäckaufgabe zugebucht werden muss. Als Einziger weist Maurer (2006, S. 47) ebenfalls darauf hin, dass einige LCCs eigene Vielfliegerprogramme (FFPs) betreiben oder zumindest an die Programme der Mutterunternehmen angebunden sind, während Dorsch (2009, S. 218) zu Recht angibt, dass dies in der Regel nicht der Fall ist.

Bodenabfertigung und In-Flight

Check-In-Automaten erhöhen die Kosteneffizienz und beziehen den Kunden zugunsten sinkenden Personalaufwandes in die Leistungserbringung ein (Dorsch 2009, S. 218). Zudem muss die Bordkarte oft bereits vom Kunden gedruckt werden, der lokale Check-In entfällt ohne Gepäckmitnahme teils vollständig (u. a. Ryanair 2012). Die Wartebereiche der Billigflieger zeichnen sich nicht besonders aus und greifen häufig auf vorhandene Infrastruktur der Flughäfen zurück, eigene Lounges sind die Ausnahme (Maurer 2006, S. 47). Der meistreglementierte Bereich an Bord ist die Sicherheit: Hier gibt es für die LCCs keine Möglichkeit zu Einsparungen (Dorsch 2009, S. 218). Gespart wird an Bord vor allem in zwei Bereichen: Service und Kapazität. Auf kostenlosen Service wird weitgehend verzichtet (Fuchs, Hundt & Zollondz 2008, S. 104; Maurer 2006, S. 46), für die Nutzung von Serviceleistungen wie Catering wird eine hohe Zusatzgebühr fällig (Dorsch 2009, S. 216 ff). Maurer (2006, S. 46) weist jedoch darauf hin, dass das Spektrum innerhalb der LCCs breit und vielschichtig ist, da auch umfassender Service bei einzelnen LCCs inklusive sei. Fakt ist der Literatur nach, dass die Crews im legalen Rahmen minimal besetzt sind, sowie dass zur Erhöhung der Kapazität die Sitzabstände auf ein Mindestmaß reduziert werden (Dorsch 2009, S. 218).

2.1.4 GEGENÜBERSTELLUNG UND BEWERTUNG

Aus den Geschäftsmodellen erwachsen signifikante Produktunterschiede, die es darzustellen und knapp aus Kundensicht zu bewerten gilt. Der grundlegendste Unterschied zwischen LCCs und Netzfluggesellschaften ist nach Iatrou & Oretti (2007, S. 202) die Reichweite des Netzwerks. Für den Kunden heißt dies, dass er von Netzfluggesellschaften eine höhere Reichweite geboten bekommt, was er als hohe Qualität ansieht. Im Vergleich mit den LCCs liegt hier der Vorteil bei den Netzfluggesellschaften. Iatrou & Oretti haben die Unterschiede in den Geschäftsmodellen anschaulich zusammengestellt. Netzfluggesellschaften werden hierbei als Allianz bezeichnet, da das Produkt der meisten Netzfluggesellschaften nicht mehr alleinstehend betrachtet werden kann.

Abbildung 5: Gegenüberstellung der Geschäftsmodelle in Anlehnung an Iatrou & Oretti (2007, S. 202)

Geschäftsattribut	Netzwerk (Allianzen)	LCCs
Geschäftsmodell	Kooperativ	Alleinstehend
Reichweite des Netzes	Global	Lokal
Netzwerkfokus	Kurz- und Langstrecke	Kurzstrecke
Netzwerkmodell	Hub-and-Spoke	Point-to-Point
Koordination des Netzwerkes	Hoch und Wichtig	Zu Vernachlässigen
FFPs	Ja	Nein
Lounges	Ja	Nein
Preisstruktur	Komplex	Einfach
Preisniveau	Hoch	Niedrig
Business Class	Ja	Nein
Genutzte Flughäfen	Hauptflughäfen	Sekundärflughäfen
Service an Bord	Full Service	No Frills
Vertrieb über Reisebüros	Ja	Nein

Der Wettbewerbsvorteil der LCCs liegt einzig in den niedrigen Preisen begründet. In allen komfortrelevanten Produktattributen liegen die LCCs deutlich hinter den Netzfluggesellschaften zurück, welche folglich eine breitere Zielgruppe ansprechen und den anspruchsvollen Teil des Marktes dominieren. Der Aspekt der Globalität im Streckennetz ist Alleinstellungsmerkmal der Netzfluggesellschaften und strahlt über die Produkterfahrungskomponente auch in den Kurz- und Mittelstreckenmarkt ab, da Produkterfahrung auf der Langstrecke bei Zufriedenheit zu positiven Effekten das

15

Markenimage betreffend führt. Trotzdem ist das Geschäftsmodell LCC sehr erfolgreich (u. a. Iatrou & Oretti 2007, S. 168 ff). Es stellt sich die Frage, welche Gründe dies hat, wenn objektiv betrachtet das Produkt deutlich schlechter ist. Daher wird im Folgenden der Konsumentenentscheidungsprozess dargestellt und auf die Auswahl und Bewertung der Alternativen (in Kapitel 2.2.3 speziell der Fluggesellschaften) reduziert.

2.2 DER KONSUMENTENENTSCHEIDUNGSPROZESS

Zur Feststellung von Einflussfaktoren auf die Fluggesellschaftswahl wird der allgemeine Konsumentenentscheidungsprozess herangezogen und final für den Prozess der Airlinewahl spezifiziert. Grundlage ist der kognitivistische Standardprozess, der das Standardmodell des Konsumentenverhaltens darstellt und als *state of the art* der Erklärung von Entscheidungsfindungsprozessen gilt (Quester, Pettigrew & Hawkins 2011, S. 34 f; auch Kotler, Bowen & Makens 2010; Swarbrooke & Horner 2007). Dieser beinhaltet mit dem Schritt der Bewertung und Auswahl von Alternativen, fallspezifisch also der Wahl der Fluggesellschaft, den Prozess, in dem der Kunde letztlich darüber entscheidet, ob bspw. ein LCC wie die 4U für sein Problem als Problemlöser in Frage kommt.

Kontemporäre Erkenntnisse in der Konsumentenforschung deuten zumindest in Teilen auf fehlende Validität des kognitivistischen Ansatzes hin: Armstrong (1991) beweist in seiner Studie die Unzulänglichkeit des kognitiven Ansatzes als alleinige Erklärung von Konsumentenverhalten. Die American Marketing Association (AMA) berücksichtigt in ihrer Definition u. a. Affekt als Auslöser von Verhalten und sieht kognitivistische und behavioristische Initiatoren von Verhalten im dynamischen Zusammenspiel (AMA 2012). Yang & Carmon (2011) stellen ebenfalls eine Reihe verhaltenswissenschaftlicher Zusätze in den Vordergrund. Behavioristische Zusätze werden daher zusätzlich diskutiert.

2.2.1 DIE KOGNITIVISTISCHE SICHTWEISE

Unter anderem Quester, Pettigrew & Hawkins (2011, S. 35), Yang & Carmon (2011) und Kotler, Bowen & Makens (2010, S. 164) beschreiben den vorherrschenden kognitiven Ansatz zur Erklärung des **Konsumentenentscheidungsprozesses**. Dieser geht davon aus, dass das Denken das Handeln bestimmt und schreibt dem Konsumenten die Handlungsweisen des *Homo Economicus* zu: rationales Denken und daraus resultierendes, den Erkenntnissen des Denkprozesses folgendes Handeln (Yang & Carmon 2011, S. 79). Aus dieser Sichtweise heraus wird ein in fünf Phasen unterteiltes Grundmodell gebildet, dem alle Konsumentenentscheidungen folgen sollen:

Abbildung 6: Konsumentenentscheidungsprozess nach Quester, Pettigrew & Hawkins (2011, S. 35)

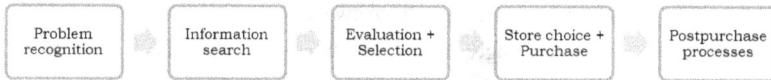

| Problem recognition | Information search | Evaluation + Selection | Store choice + Purchase | Postpurchase processes |

Zudem steht jede Entscheidung in einem Situations- und Individualkontext, weshalb das gleiche Problem aufgrund sowohl interner (bspw. Wahrnehmung, Erfahrungen und Emotionen) als auch externer Einflüsse (bspw. Haushaltsstruktur, Zeitknappheit) situationsspezifisch verschiedene Ergebnisse hervorbringen wird (Quester, Pettigrew & Hawkins 2011, S. 34). Diese Einflüsse umfassend in die Analyse einzubringen ist aufgrund der Unendlichkeit möglicher Szenarien unmöglich, einzig mögliche Einflüsse können modelliert werden, ohne dabei konkrete Handlungen vorherzusagen.

Die Erkenntnis über die Beweggründe der Entscheidung wird als das Identifizieren der die Konsumentenentscheidung beeinflussenden Variablen beschrieben (Quester, Pettigrew & Hawkins 2011, S. 35). Die Fragestellung der Kooperationsakzeptanz bedarf somit der Information, warum ein Konsument seine Fluggesellschaftswahl trifft und fallspezifisch eine Aussage darüber, ob im Idealfall LH und 4U simultan als Problemlöser angesehen werden. Zur Beantwortung dieser Frage wird davon ausgegangen, dass zur Bildung des Markenimages benötigte Grundlagen bereits existent sind; der Schritt der *Information Search* (vgl. Abb. 7) ist bereits abgeschlossen, da dieser den Erwerb der Voraussetzungen zur Bildung eines Markenimages (Produktkenntnis, Erfahrungsberichte, etc.; Quester, Pettigrew & Hawkins 2011, S. 94 ff) darstellt. Alle nachfolgenden Prozesse sind für die Entscheidung irrelevant.

Abbildung 7: Untersuchungsobjekt im Kontext des kognitivistischen Entscheidungsprozesses

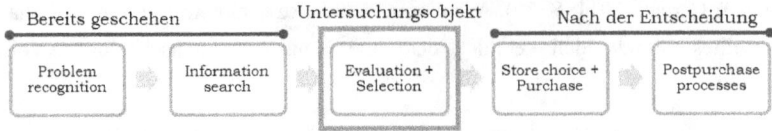

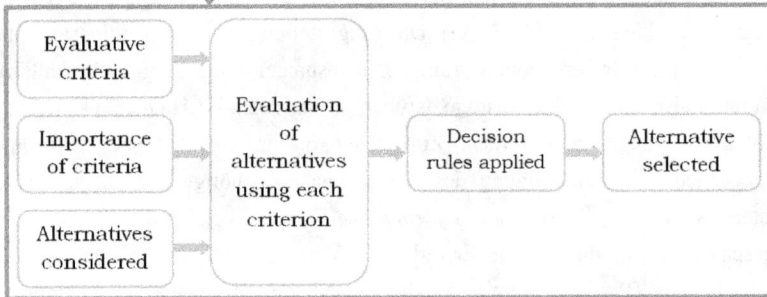

Bereits geschehen		Untersuchungsobjekt	Nach der Entscheidung	
Problem recognition	Information search	Evaluation + Selection	Store choice + Purchase	Postpurchase processes

Der Auswahlprozess ist anschließend die Anwendung von Markenimages auf eine Problemstellung. Markenimages werden hierbei als das Resultat der Alternativenbewertung *(Evaluation of alternatives)* gesehen - sie entstehen unter dem Einfluss der drei in Abb. 8 links dargestellten Faktoren Entscheidungskriterien, Relevanz der Kriterien und Bekanntheit von Marken. Die **Alternativenbewertung und -auswahl** *(Evaluation + Selection)* bringt resultierend die Markenentscheidung hervor und bildet den Hauptpunkt der Untersuchungen. Dieser Schritt wird nachfolgend nach Quester, Pettigrew und Hawkins (2011) dargestellt:

Abbildung 8: Alternativenbewertung und -auswahl nach Quester, Pettigrew & Hawkins (2011, S. 128)

Bereits geschehen		Untersuchungsobjekt	Nach der Entscheidung	
Problem recognition	Information Search	Evaluation + Selection	Store choice + Purchase	Postpurchase processes

Untersuchungsobjekt im Kontext des kognitiven Entscheidungsprozesses

Evaluative criteria			
Importance of criteria	Evaluation of alternatives using each criterion	Decision rules applied	Alternative selected
Alternatives considered			

Die Rationalitätshypothese das Konsumentenverhalten betreffend setzt voraus, dass die Performance jeder Alternative für jedes Bewertungskriterium bekannt ist. Dies ist unrealistisch, da es für den Konsumenten unmöglich ist, jede Alternative im Markt zu kennen. Aus allen ihm bekannten Marken bildet er vereinfachend drei Gruppen *(Sets)* von Marken (Quester, Pettigrew & Hawkins 2011, S. 99 f):

a) **Evoked Set:** Marken, die der Kunde aktiv mag und in Betracht zieht.

b) **Inert Set:** Marken, denen der Kunde gleichgültig gegenübersteht.

c) **Inept Set:** Marken, die dem Kunden aktiv missfallen.

Valide Alternativen (*Alternatives considered;* Quester, Pettigrew & Hawkins 2011, S. 99 f) ergeben sich aus den bekannten Marken; zu manchen besteht ein Markenimage, zu anderen nicht. Besteht ein Markenimage, und die Marke wird in Betracht gezogen, so zählt sie zum *Evoked Set,* welches im Verlauf als einziges Set ausgiebig untersucht wird. Viele Marken scheiden daher bereits durch fehlende Bekanntheit oder nach oberflächlicher Bewertung aus, ohne für das spezifische Problem in den Bewertungskriterien betrachtet worden zu sein.

Bewertungskriterien *(Evaluative Criteria)* sind greifbare und nichtgreifbare Produktattribute, die der Kunde als erforderlich ansieht, um sein Problem zufriedenstellend zu lösen. Die wahrgenommene Performance der Alternativen bezüglich dieser Kriterien entscheidet über die Anbieterwahl, wobei geringe Unterschiede zwischen Marken unbemerkt bleiben können (Quester, Pettigrew & Hawkins 2011, S. 137). Die Art und Anzahl der Kriterien richtet sich nach dem Grad der Verwicklung des Konsumenten mit der Entscheidung, dem *Involvement.* Sieht der Kunde das Problem bzw. die Kaufentscheidung als relevant und wichtig an *(High Involvement),* werden viele Kriterien einbezogen; wird das Problem als marginal betrachtet *(Low Involvement),* so gibt es wenige relevante Kriterien (Quester, Pettigrew & Hawkins 2011, S. 128 ff).

Eine direkte Bewertung ist nur möglich, wenn die Performance der Alternativen bekannt ist. Aspekte wie Sitzabstand, Abflugzeiten oder der Preis sind konkret mess- und vergleichbar. Nicht greifbare Produktattribute wie die Freundlichkeit des Personals oder die Atmosphäre an Bord können aus zwei Gründen nicht sicher vorab bewertet werden: erstens aufgrund möglicherweise fehlender Produktvorerfahrung und zweitens aufgrund der Servicenatur (speziell der Heterogenität[6]) des Produktes. Quester, Pettigrew & Hawkins (2011, S. 136 ff) stellen für diesen Fall explizit den Ruf der Marke oder das Preislevel als **Ersatzindikatoren** zur Abschätzung der Performance heraus. Sie stellen auch fest, dass der angenommene Zusammenhang von Preis und Qualität für viele Produkte nicht gegeben ist.

---

[6] Ansicht, dass ein Serviceprodukt niemals zweimal identisch sein kann (u. a. Iacobucci 2011)

Die sich ergebenden, als relevant befundenen Bewertungskriterien werden folgend in ihrer **Relevanz für die Problemlösung** *(Importance of criteria)* gewichtet. Diese Gewichtung geschieht in Abhängigkeit von Konsument und Situation und kann daher nicht allgemein dargestellt werden (Quester, Pettigrew & Hawkins 2011, S. 134 ff).

Nachdem die Alternativen untersucht und bewertet worden sind, wird die beste Alternative ausgewählt. Hierfür existieren laut Quester, Pettigrew & Hawkins (2011, S. 141) fünf Entscheidungsregeln. Für den in Kapitel 2.2.3 näher beschriebenen spezifischen Zwei-Phasen-Prozess der Airlinewahl nach Suzuki (2007) relevant sind die **verbindende Entscheidungsregel** sowie die **Nutzenmaximierungsregel**. Die verbindende Entscheidungsregel sagt aus, dass diejenige Alternative ausgewählt wird, die in jedem relevanten Bewertungskriterium einen individuell festgelegten Mindeststandard erfüllt (u. a. Suzuki 2007; Quester, Pettigrew & Hawkins 2011, S. 141). Unter Nutzenmaximierung wird nach von Böventer et al (1997, S. 12) verstanden,

> „dass der Haushalt jeweils das ihm am günstigsten erscheinende Gütersortiment auswählen wird",

wobei Einflüsse auf diese Entscheidung jede Form von Motiven, Wert- und Zielvorstellungen beinhalten, sodass nicht von rein rationalem Handeln ausgegangen werden kann. Nutzen kann somit auch z. B. ein emotionaler Wert wie Prestige oder Stolz sein, der durch die Entscheidung maximiert werden soll.

Bei vollständiger Validität der kognitivistischen Theorie müssten Experten auf dem Gebiet den Erfolg von Marketingkampagnen gut vorhersagen können. Armstrong (1991) zeigt jedoch auf, dass der Erfolg von Marketingkampagnen in Bezug auf das Konsumentenverhalten von Experten gar schlechter vorhergesagt wird als von High-School-Studenten. Zudem waren die Vorhersagen nicht besser als das, was durch Zufall erklärbar ist. Dies lässt stark an der kognitivistischen Sicht zweifeln und wirft die Frage auf, zu welchem Grad Willkür und automatisierte, erlernte Verhaltensweisen eine Rolle bei Entscheidungsprozessen spielen.

2.2.2 BEHAVIORISTISCHE ZUSÄTZE

Im Zentrum des Behaviorismus stehen Überlegungen und Forschungsergebnisse, nach denen die vollständige Validität der kognitivistischen Standardtheorie nicht gegeben ist. Sämtliche behavioristische Zusätze bieten unabhängig von der assoziierten Qualität mögliche Erklärungen, weshalb Marken unterschiedlich erfolgreich agieren.

Abbildung 9: Routinised Response nach Kotler (in Lees 2011)

In der Literatur herrscht weitgehend Übereinstimmung darüber, dass der kognitivistische Standardprozess nur bei Entscheidungen mit *High Involvement* vollständig greift. Die Existenz von Prozessen, die erlernt und für den Konsumenten teils unbewusst gewohnt (‚habituell', von engl. *habitual)* sind, wird bestätigt (u. a. Quester, Pettigrew & Hawkins 2011, S. 241; auch Swarbrooke & Horner 2007; Kotler et al 2009). Kotler (in Lees 2011) nennt diese Entscheidungsform in seinen Texten **Routinised Response** und umschreibt dieses Phänomen damit, dass Konsumenten Marken aus Gewohnheit kaufen und nicht aus intendierter Loyalität. Habituelle Entscheider haben einen vorgefertigten Weg zur Entscheidung, der in normalen Entscheidungssituationen ohne Neuevaluationen gegangen wird. Der Entscheidungsprozess besteht in diesen Fällen nur aus der Problemwahrnehmung und dem Kauf, Informationssuch- und Auswahlprozesse finden nicht statt (Lees 2011). Bis eine Entscheidung habituell wird, muss sie jedoch mehrmals wiederholt worden sein (Quester, Pettigrew & Hawkins 2011, S. 68 ff), derartiger Habitus ist also bei hochfrequent wiederkehrenden Entscheidungen wahrscheinlicher.

Neben habituellen Theorien gibt es auf dem Gebiet der verhaltenswissenschaftlichen Lehre die Theorien der Verstärkung. Dabei wird angenommen, dass die Entscheidung zwischen Marken vom Konsumenten als trivial wahrgenommen wird (Hoek et al 2002, in Lees 2011), da Marken sich aufgrund der Imitation von vorteilsbringenden Innovationen nicht nachhaltig signifikant unterscheiden (Ehrenberg, Barnard & Scriven 1997). Die Markenentscheidung erfolgt demnach aufgrund nicht spürbarer Unterschiede willkürlich. Folgt man dem behavioristischen Gedanken, so kommt man laut Sharp et al (in Lees 2011) zur Erkenntnis, dass es zwei Arten von Märkten gibt:

a) Abonnementmärkte, in denen sich der Kunde für einen Zeitraum vertraglich an eine Marke bindet, beispielsweise bei Versicherungen.

b) Repertoiremärkte, in denen der Kunde ein Repertoire aus Marken aufbaut, auf das er bei Problemwahrnehmungen zurückgreift.

Im Airlinemarkt gibt es keine verbindlichen Abonnements, er kann als Repertoiremarkt klassifiziert werden. Die Teilnahme an FFPs ist maximal ein gefühltes Abonnement – es ist nicht bindend, wirkt jedoch einem Abonnement ähnlich, da es das Repertoire auf teilnehmende Anbieter eines FFPs begrenzen kann (Yi & Jeon 2003).

Der Grund für die Aufnahme einer Marke in das Repertoire liegt nach Castleberry & Ehrenberg (1990, in Lees 2011) vorwiegend in vorherigen positiven Erfahrungen mit der jeweiligen Marke begründet, weniger in rationaler Abwägung aller Alternativen. Demnach kann jederzeit eine Marke, so sie beim Erstkonsum qualitativ mindestens als gleichwertig zum Repertoire empfunden wird, unabhängig vom bisherigen Image nachhaltig ins Repertoire aufgenommen werden. Die wichtigste Erkenntnis aus den behavioristischen Überlegungen fassen Ehrenberg, Barnard & Scriven (1997, S. 11) zusammen:

"sales success of a competitive brand is primarily due to how many consumers regard it well, or 'well enough', or see it as 'salient'".

Es macht ergo keinen Unterschied, ob eine Marke beim rationalen Abwägen aller Alternativen die objektiv beste Alternative darstellt oder nicht; solange sie als gut genug angesehen wird, um das fragliche Problem zu lösen, ist die Wahrscheinlichkeit der Nutzung nur abhängig von der Anzahl der Marken im *Evoked Set* und der Verfügbarkeit.

Die kognitivistische Theorie beinhaltet ebenfalls die Ansicht, dass Marken aktiv missfallen können (*Inert Sets*, vgl. Kapitel 2.2.1). So würde ein negatives Markenimage automatisch zu einer Einordnung der entsprechenden Marke in das *Inert Set* führen und diese Marke aus den validen Alternativen eliminieren. Dies wurde von Winchester und Romaniuk (2003) widerlegt, als sie feststellten, dass Nichtnutzer einer Marke nicht über negativere Markenimages verfügen als die Nutzer derselben Marke. Marken werden demnach **nicht aufgrund negativer Markenimages abgelehnt.** Dies spricht dafür, dass Marken trotz eines teilweise mit dem Anforderungsprofil des Kunden inkompatiblen Markenimages aufgrund der guten Performance auf den relevantesten Kriterien noch valide Alternativen sein können; die validen Alternativen umfassen mehr als das *Evoked Set.*

Bei vergleichbaren Alternativen stellt sich an diesen Gedanken anknüpfend die Frage, welche Kriterien zur finalen Kaufentscheidung führen. Ehrenberg, Goodhardt & Barwise (1990) benennen hierzu den **Double Jeopardy Effect,** nach dem kleine Marken weniger Loyalität generieren als große Marken: Große Marken haben mehr Kunden, die zudem häufiger kaufen, während kleine Marken gleicher Qualität weniger und seltener konsumierende Kunden haben. Die Zahl der Kunden ist demnach der entscheidende Faktor zur Kundengewinnung bei gleicher Qualität. Ehrenberg, Goodhardt & Barwise (1990, S. 85) führen dies auf größere Sichtbarkeit und größere Bekanntheit zurück. Es steht zu untersuchen, ob die Unterschiede der Fluggastzahlen zwischen LH und 4U aufgrund qualitativer Unterschiede zustande kommen, oder ob diese zumindest in Teilen durch den *Double Jeopardy Effect* erklärbar sind. Hierfür ist das Markenimage ausschlaggebend: Wird die Qualität in den Bewertungskriterien als ähnlich eingestuft, so wirkt der *Double Jeopardy Effect* als eine mögliche Erklärung der Unterschiede in den Fluggastzahlen. In diesem Fall wäre 4U valides Substitut für LH und die Kooperation möglich.

Folgende behavioristische Aspekte können ebenfalls zugunsten höherwertiger Marken auf Markenentscheidungen einwirken und somit die Akzeptanz der Marke 4U gefährden. Sie werden in Anlehnung an Yang & Carmon (2011, S. 83 ff) kurz vorgestellt.

Vorhergesagtes Bedauern meint den Versuch der Antizipation von Gefühlen nach dem Kauf. Die Angst, von der getroffenen Entscheidung rückblickend enttäuscht zu sein, führt zur Wahl von sicheren Alternativen, nämlich „higher priced well-known brands" (Simonson 1992, in Yang & Carmon 2011, S. 83).

Falsche, aber **sich selbst erfüllende Erwartungen** werden als das Festhalten an verbreitetem Glauben definiert, auch wenn dieser Glaube falsch ist. Diskriminiert dieser Glaube eine Marke, so entsteht eine negative Erwartungshaltung, aus der heraus das Produkt analog negativ bewertet und erlebt wird. Im Dienstleistungssektor, wo der Konsument erheblich an der Leistungserbringung und damit direkt an der Produkt- und Erfahrungsqualität beteiligt ist (Gilmore & Carson 1996), scheint dieser Aspekt besonders valide.

Fokalität ist die Konzentration auf eine geringe Anzahl negativer Aspekte, und das Unterbewerten oder Ignorieren einer Mehrzahl anderer, oft positiver Aspekte. So kann eine objektiv gute Leistung durch einzelne unter dem Anforderungsniveau performende Facetten in ihrer Gesamtheit negativ bewertet werden. Dies geht oft einher mit vorhergesagtem Bedauern und sich selbst erfüllenden Erwartungen, wenn die Entscheidung schon im Vorfeld der Leistungserbringung angezweifelt wird.

Diese behavioristischen Einflüsse ergänzen den kognitivistischen Standardprozess, sodass in der Bewertung der Kooperationspotenziale eine Kombination aus beiden Lehren Anwendung finden muss. Aus den allgemeinen Theorien zum Entscheidungsprozess wird nun der spezifische Prozess der Airlinewahl modelliert, welcher aufgrund des Serviceaspektes der Leistung und der Heterogenität der Zielgruppen (u. a. Business- vs. Individualreisende) einzigartige Charakteristiken aufweist. Verschiedene Autoren haben sich mit der Frage nach dem spezifischen Prozess beschäftigt, um diesen zu modellieren.

2.2.3 DER SPEZIFISCHE PROZESS DER AIRLINEWAHL

Daher werden Informationen aus verschiedenen Medien zusammengeführt, um den Prozess der **Fluggesellschaftswahl** abzubilden. Eingeschränkte Generalisierbarkeit der einzelnen Sekundärstudien ergeben die Notwendigkeit des Rückgriffes auf multiple Quellen.

Bei der Spezifizierung des Prozessmodells auf die Airlinewahl liegt analog zum Gesamtforschungsvorhaben der Fokus auf der Frage nach der Kausalität der Entscheidungsfindung. Die Literatur befasst sich zu großen Teilen mit dem Weg zur Entscheidung, nicht mit den finalen Beweggründen; dies liefert jedoch wertvolle Erkenntnisse zur Marktsegmentierung und die Ergebnisse nehmen eine wichtige unterstützende Funktion ein. Davon ausgehend, dass Loyalität eine Reihe konsekutiver Entscheidungen zugunsten einer Marke ist (AMA 2012a), können insbesondere bei der Suche nach den Bewertungskriterien auch Erkenntnisse der Loyalitätsforschung genutzt werden. Die Bewertungskriterien der Fluggesellschaftswahl werden so aus diversen Studien zusammengetragen und zu 13 in dieser Untersuchung genutzten Kriterien gebündelt.

Wie entsteht die Entscheidung?

Abbildung 10: Modell der Fluggesellschaftswahl nach Suzuki (2007)

Suzuki (2003, in Suzuki 2007) beweist, dass die Airlinewahl simultan mit der Wahl des Abflughafens stattfindet. Diese Erkenntnis impliziert eine unüberschaubar große Anzahl an Wahlmöglichkeiten - der resultierende Schluss, dass unmöglich alle Alternativen ausführlich bewertet werden können, motivierte ihn zu einer akkuraten Untersuchung des Entscheidungsprozesses. In der Folgeuntersuchung (2007) beweist er, dass die Entscheidung in einem **Zwei-Schritte-Prozess** getroffen wird. Im ersten Schritt werden dem gefragten Mindeststandard nicht entsprechende Alternativen nach der verbindenden Entscheidungsregel eliminiert. Dies passiert ausdrücklich nur bei der Fluggesellschaftswahl, Flughäfen werden nicht ausgeschlossen (2007, S. 17). Es ist daher für Airlines essentiell, diesen individuell festgelegten, nicht quantifizierbaren Mindeststandard für eine möglichst hohe Zahl potenzieller Konsumenten zu erfüllen. Die übrig bleibenden Kombinationen aus Flughafen und Fluggesellschaft werden im zweiten Schritt nach der Nutzenmaximierungsregel in Abhängigkeit von Kriterienrelevanz und Performance bewertet. Suzuki modelliert das Modell für den Gesamtmarkt, also ohne Segmentierungen vorzunehmen, bewertet dies aber in der Nachbetrachtung als Fehler (Suzuki 2007, S. 17):

> „Ideally, the model should be estimated seperately for business and leisure travelers, because these two types of travelers often show different behavioral patterns".

Er gesteht so ein, dass die Annahme einer Homogenität der Konsumenten in Bezug auf akzeptable Mindeststandards für Produktattribute mindestens fraglich, wenn nicht gänzlich falsch ist. Der Prozess müsste somit u. U. segmentspezifisch angepasst werden, für die weiteren Schritte wird jedoch die Validität des Zwei-Schritte-Prozesses angenommen. Eine Segmentierung erscheint trotzdem notwendig.

Middleton und Clarke (2001, in Swarbrooke & Horner 2007, S. 71) unterteilen zwei Kategorien von Entscheidungsprozessen: den für Konsumgüter und den für Shoppinggüter, wobei sie touristische Produkte ebenso wie Luftverkehrsleistungen als Shoppinggüter identifizieren.

Shoppinggüter haben ihnen zufolge typischerweise einen hohen Wert und werden selten gekauft (Swarbrooke & Horner 2007, S. 70). Der Wert muss nicht alleinig durch den Geldwert repräsentiert, sondern kann auch ideeller und immaterieller Natur sein. Sie schreiben dem Konsumenten für derartige Güter *High Involvement* zu, was zu einem langsamen, im Sinne der kognitivistischen Theorie vollständigen Entscheidungsprozess führt.

Konsumgüter sind gegenteilig durch niedrige Werte geprägt und werden als Notwendigkeit wahrgenommen. Der resultierende Entscheidungsprozess ist von *Low Involvement* des Konsumenten geprägt, die Informationssuche ist ebenso wie der Alternativenvergleich knapp. Der Entscheidungsprozess wird als „high-speed decision process" (Middleton & Clarke 2001, in Swarbrooke & Horner 2007, S. 71) beschrieben – die Entscheidung ist marginal. Nach Middleton & Clarke (2001, in Swarbrooke & Horner 2007, S. 71) gehören u. a. Personennahverkehr sowie Pendlerzugverkehr in diese Kategorie.

Die Zuordnung von touristischen Produkten zu Shoppinggütern kann für den Individualreisemarkt als korrekt angesehen werden, erscheint für das Geschäftsreisesegment jedoch fraglich. Das Businesssegment scheint mit seinen assoziierten Charakteristiken (Buchung durch Firmenreisebüro, Wahrnehmung als Notwendigkeit, Häufigkeit des Fliegens) eher in die Kategorie Konsumgut zu passen. Teichert, Shehu & von Wartburg (2008) stellen in ihren Untersuchungen fest, dass viele Businessreisende die Entscheidung outsourcen und an Mitarbeiter abtreten: Die extremste Form des *Low Involvement* und ein Hinweis darauf, dass Flugreisen von einigen Kundensegmenten nicht als Shoppinggüter angesehen werden.

Notwendige Marktsegmentierung

Diese Segmentierung nach Reisezweck bezeichnen Teichert, Shehu & von Wartburg (2008, S. 227 f) als „common sense" und behaupten, dass in heutigen Zeiten eine weitreichendere Segmentierung notwendig ist, um den zunehmend komplexer und heterogener werdenden Entscheidungen von Konsumenten Rechnung zu tragen. Sie untersuchen in ihrer Segmentierungsstudie sieben Entscheidungskriterien in

Kombination mit Reisezweck und gebuchter Klasse und kommen zu der Feststellung, dass die gebuchte Klasse nicht mehr als Indikator für die Segmentierung ausreicht, da das Erwartungsspektrum innerhalb der traditionell segmentierten Klassen (Business-Class/Economy-Class) breiter wird. Das Ergebnis zeigt weiter, dass der Reisegrund erheblichen Einfluss auf die Präferenzen hat: Die alleinige Segmentierung nach Buchungsklasse ist nicht mehr ausreichend.

Nach dem *latent class approach* (nachzuschlagen in Wedel & Kamakura 2001, in Teichert, Shehu & von Wartburg 2008, S. 101) kommen sie überein, dass folgende fünf präferenzbasierte Segmente den europäischen Kurzstreckenmarkt am besten modellieren (in Anlehnung an Teichert, Shehu & von Wartburg 2008, S. 234 f):

Segment 1: Effizienzsucher

> Wichtigste Kriterien: Pünktlichkeit, Flexibilität und Flugplan; Preis irrelevant.
>
> Sehr hohe Flugfrequenz, *Low Involvement*, Entscheidung extern.

Segment 2: Komfortsucher

> Wichtigste Kriterien: FFP-Vorteile, Catering und Flexibilität; Preis irrelevant.
>
> Hohe Flugfrequenz, *Medium Involvement*, keine Onlinebuchungen.

Segment 3: Sparer

> Wichtigste Kriterien: Preis, Pünktlichkeit; persönliche Vorteile irrelevant.
>
> Geringe Flugfrequenz, *High Involvement*, Webseitenbuchung.

Segment 4: Qualitätssuchende Preisbewusste

> Wichtigstes Kriterium: Preis/Leistung (v.a. Pünktlichkeit, Streckennetz).
>
> Heterogene Flugfrequenz, hoher Frauenanteil, jüngstes Segment.

Segment 5: Ausbalancierte

> Ausgeglichene Kriterien, generell hohe Erwartungshaltung.
>
> Hohe Flugfrequenz, *Low Involvement*.

Diese Segmentierung dürfte für den Markt der Netzfluggesellschaften höhere Validität besitzen als für den Markt der LCCs, da die Studie FFP-Mitglieder einer konventionellen Airline untersuchte. Die Autoren um Teichert (2008, S. 230) merken an, dass die Stichprobe eine überdurchschnittlich hohe Repräsentierung von preisunsensiblen Passagieren aufweist. Die modellierte Segmentierung deckt jedoch auch das preissensible Segment ab und kann daher für diese Untersuchung genutzt werden. Insgesamt scheinen aufgrund ihrer Präferenzen die Segmente eins, zwei und fünf für LCCs unerreichbar, nur eines scheint die LCCs zu bevorzugen (Segment 3). Netzfluggesellschaften könnten zudem über den Parameter Preis das eigene Portfolio einfacher in das preissensible Segment dehnen als LCCs ihr Portfolio in die qualitativ anspruchsvolleren Segmente. Das unentschlossene Segment 4 könnte potenziell eine Kooperation begrüßen, ebenso wie das preissensible Segment 3, welches durch eine Kooperation bei gleichbleibenden Preisen ein qualitativ höherwertiges Produkt erhielte. Die Segmentierung anhand der differierenden relevanten Entscheidungskriterien scheint die Marktrealität besser abzubilden als die klassische bipolare Segmentierung nach Reisezweck. Daher wird sie in der Analyse der Kooperation von LH und 4U am Ende nochmals aufgegriffen. Für die spätere Abfrage der Markenimages muss folgend eine Liste der Kriterien erstellt werden, die in der Entscheidung von den Konsumenten genutzt werden.

Bewertungskriterien

Die Ergebnisse ausgewählter Studien zum Entscheidungsverhalten weichen in Bezug auf Kriteriengestalt und Kriterienrelevanz erheblich voneinander ab: Abweichende Auswahl von Kriterien, verschiedene Namensgebungen, andere Informationsziele und vor allem begrenzte Repräsentativität in den Untersuchungen lassen kein für den deutschen Markt zulässiges Bild der Bewertungskriterien für die Fluggesellschaftswahl zu. Die konkrete Abbildung eines Entscheidungsprozesses ist somit für den Flugverkehrsmarkt aus Sekundärliteratur nicht abstrahierbar. Die Literatur bietet trotz der fehlenden Generalisierungsvalidität eindeutige Hinweise auf realistische Entscheidungskriterien. Aus den vorliegenden Studien kann durch das Clustern der Vielzahl in den Studien auftauchender Produktattribute ein ungewichtetes Profil der Bewertungskriterien verdichtet werden (für die Liste der einbezogenen Studien sowie die Clusterung der Kriterien samt beinhalteter Attribute vgl. Anhang I - III):

1. Preis
2. Inklusive Leistungen
3. Verhältnis von Preis und Leistung
4. Prestige/Status der Airline
5. Verfügbarkeit/Buchbarkeit
6. Flugplan
7. Möglichkeit, durch ein FFP Vorteile zu erhalten
8. Pünktlichkeit
9. Sicherheit der Airline
10. Vertrauen in die Problemlösungszuverlässigkeit der Airline
11. Produkt am Boden
12. Produkt an Bord
13. Professionalität des Services

Aus den Studien lassen sich weder absolute noch relative Wichtigkeiten ableiten. Um die Relevanz der Kriterien zu bestimmen, wird die Frage nach der Wichtigkeit jedes einzelnen Kriteriums mit in die Primärerhebung einbezogen. Die Markenimages beider Airlines werden später anhand dieser Kriterien abgefragt und können für jedes von Teichert, Shehu & von Wartburg (2008) vorgeschlagene Segment miteinander verglichen werden. Die so entstehenden segmentspezifischen Images können zusätzlich nach Produktpräferenz unterteilt werden, um mögliche Anforderungen der LH-Kunden an die 4U und vice versa zu modellieren. Die Wahrscheinlichkeit einer Substituierbarkeit lässt sich so grob abschätzen.

Den Aspekt der Markenwechsel und der für den Konsumenten damit zusammenhängenden Kosten haben Carlsson & Löfgren (2006) für den Airlinemarkt untersucht. Die ihrer Studie nach zu einem signifikanten Maße existierenden **Wechselkosten** forcieren Loyalität und üben so Einfluss auf das Entscheidungsverhalten aus. Die Kooperation in Stuttgart eliminiert Produkte der LH und möchte die Kunden zu einem Wechsel zur 4U bewegen. Als determinierende Faktoren für Wechselkosten stellt ihre Studie (2006, S. 1474) wahrgenommene Qualitätsunterschiede, das Aufgeben des mit der Marke verbundenen Habitus (Check-In-Prozedur etc.), Wechsel des FFPs inklusive Verlust des erreichten Status sowie falls zutreffend den Verlust des Daseins als Nationalcarrier-Kunde heraus – all diese Punkte müssen somit für beide Richtungen auf Validität überprüft werden.

Wiebach & Hildebrandt (2012) stellen ergänzend fest, dass bei habituellen Entscheidungen der Wegfall der präferierten Marke meist einen Wechsel zum Hauptkonkurrent nach sich zieht, da dieser der eliminierten Alternative oft am ähnlichsten ist. Den Anteil der Konsumenten, die der Konzernmarke treu bleiben und intern wechseln, beziffern sie (2012, S. 9) auf lediglich 32 Prozent. Alle Punkte aus der Studie von Carlsson & Löfgren (2006) treffen potenziell auf das Fallbeispiel zu und die Studie von Wiebach & Hildebrandt (2012) zeigt klar die resultierenden Gefahren auf, weshalb die Potenzialanalyse den Aspekt der Wechselkosten aufgreifen muss.

Die Wichtigkeit der Marke als Kontaktpunkt zwischen Unternehmen/Produkt und Konsument wird aus den bisherigen Überlegungen deutlich. Sie repräsentiert das Unternehmen nach außen und Gefühle, Erwartungen sowie Erfahrungen des Konsumenten werden mit ihr verknüpft. Der Markenbegriff und seine wichtigsten Aspekte werden folgend beleuchtet.

2.3 DER MARKENBEGRIFF UND SEINE EIGENSCHAFTEN

Eine **Marke** identifiziert in ihrer Hauptaufgabe die Quelle oder den Hersteller eines Produktes (Kotler, Bowen & Makens 2010, S. 240) und bildet ein für den Kunden sichtbares Merkmal, um zwischen Wettbewerbern zu unterscheiden. Sie besteht konkret wahrnehmbar aus einem Namen, einem Slogan, einem Logo, einem Jingle, einem Corporate Design oder einer Kombination dieser Elemente (Kotler, Bowen & Makens 2010, S. 239). So verkörpert sie die Gesamtheit von Produkten, die unter dieser Marke vertrieben werden. Der qualitativ einflussreichste Aspekt ist das Markenimage, welches die Marke aus Sicht des Konsumenten in ihrer Gesamtheit beschreibt. Aus dem Image entstehen Erwartungen: die Basis aller Kundenzufriedenheit[7]. Die Gesamtheit der Marken wird durch Kategorisierung gegliedert, anschließend wird der Markenbegriff auf das Markenimage als für die Untersuchung relevantesten Aspekt reduziert und samt anhängender Erwartungsbildung erklärt. Zudem werden die markenarchitektonischen Konzepte der Lufthansa AG kurz theoretisch erläutert und die Markendehnung als Grundlage der Kooperation von LH und 4U beschrieben.

---

[7] Positive Differenz aus wahrgenommener Leistung und Leistungserwartung (Quester, Pettigrew & Hawkins 2011, S. 197)

2.3.1 KATEGORISIERUNG VON MARKEN

Der Markenbegriff wird in der Literatur nach verschiedenen Gesichtspunkten kategorisiert (u. a. Burmann, Esch & Meckel 2012), für den Kontext dieser Arbeit relevant unter anderem:

a) nach Art des Geschäftsfeldes (u. a. Händlermarken, Produzentenmarken),
b) nach Stand in der Markenarchitektur (u. a. Dachmarken, Einzelmarken), sowie
c) nach Preis oder Qualitätsniveau (u. a. Billigmarken, Premiummarken).

Kategorisierung nach Art des Geschäftsfeldes

In der Literatur wird u. a. zwischen Händler- und Produzentenmarken unterschieden. LH und 4U sind sowohl Produzentenmarken, da sie das Flugprodukt ausschlaggebend produzieren, als auch Händlermarken, da sie die eigenen und die Kooperationsprodukte vertreiben. Betrachtet werden diese zwei Markentypen daher generalisierend als eine Marke, es fließen Aspekte beider Geschäftsfelder in das Einzelmarkenimage ein.

Produzentenmarken werden auf Basis ihrer erstellten Leistung nach **Service- oder Dienstleistermarken** und **Produktgütermarken** unterschieden. Serviceprodukte zeichnen sich u. a. nach Gilmore & Carson (1996, S. 41) durch vier charakteristische Eigenschaften aus, die sie erheblich von Produktgütern unterscheiden:

„Intangibility, Heterogeneity, Perishability, Inseparability".

Dies bedeutet: Sie entstehen erst im Zeitpunkt der Konsumtion, sind im Endprodukt niemals genau gleich, lassen sich nicht lagern und können nur im Zusammenspiel aus Leistungserbringer und (Mit-)Konsumenten erfahren werden (Swarbrooke & Horner 2007, S. 70; auch Gilmore & Carson 1996; Iacobucci 2011). Daraus ergibt sich große Subjektivität in der Leistungsbewertung und resultierend eine potenziell große Verunsicherung der Konsumenten bei der Entscheidung, sodass der Marke als Orientierungsmerkmal eine ausschlaggebende Bedeutung zukommt. Fluggesellschaften befinden sich in einem Markt mit einer Mischung der beiden Kategorien, sodass dort laut Forgas et al (2010) von einer starken Relevanz der Marke ausgegangen werden kann.

Kategorisierung nach Stand innerhalb der Markenarchitektur

Abbildung 11: Markenarchitektonische Ebenen nach Burmann, Esch & Meckel (2012)

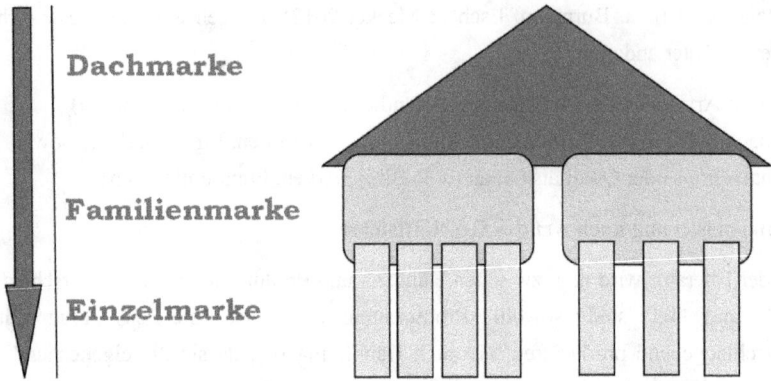

Marken unterscheiden sich in der Menge und Vielfalt der Produkte, die sie repräsentieren. Während eine Dachmarke mehrere Produktkategorien abdecken kann, so umfasst eine Einzelmarke im Normalfall genau ein Produkt: In vorliegendem Fall das je nach Geschäftsmodell qualitativ differierende Flugprodukt.

Nach Burmann, Esch & Meckel (2012) und Sander (2011, S. 412 ff) befindet sich die einzelne Produkt- oder Dienstleistungsmarke am unteren Ende der architektonischen Hierarchie. Sie wird als **Einzelmarke** bezeichnet. Eine Einzelmarke liegt vor, wenn nur ein Produkt unter dieser Marke angeboten wird. Die LH und 4U als eigenständige Fluggesellschaften sind demnach Einzelmarken, die Flugprodukte vertreiben. Eine **Familienmarke** liegt vor, wenn ein Anbieter in derselben Produktkategorie mehrere Marken führt. In diesem Fall werden viele Einzelmarken zu einer Familienmarke zusammengefasst, wie die Lufthansa Passage Airline-Gruppe es tut. Verfügt ein Konzern über mehrere Produktfamilien und führt diese trotzdem unter dem Schirm einer gemeinsamen Marke, so wird von einer **Dachmarke** gesprochen. Dies ist im vorliegenden Fall die Deutsche Lufthansa AG, zusätzliche Produktfamilien sind etwa Technik, Catering und IT (vgl. Kapitel 3.1).

Die Marke Lufthansa agiert folglich auf allen Ebenen der Hierarchie, was Wechselwirkungen bezüglich des Markenimages zur Folge hat. Kooperieren werden faktisch die Marken 4U und Lufthansa Passage Airline als Einzelmarken, wobei mit erheblichem Einfluss der anhängenden Geschäftsfelder der Marke Lufthansa auf die

Ergebnisse gerechnet werden muss. Ebenso kann nicht ausgeschlossen werden, dass die Serviceklassen der LH aufgrund ihrer konträren Charakteristiken als separate Marken gesehen werden, da Marken ebenfalls über ihre Preis- und/oder Qualitätslage segmentiert werden.

Kategorisierung nach Preis- oder Qualitätsniveau

Die beiden Extreme auf der Skala sind hierbei am unteren Ende **Billigmarken** und (im hochwertigen Segment) am oberen Ende **Premiummarken** (u. a. GfK 2010). Meist beziehen sich diese Begriffe auf den Preis, welcher allgemein als Ersatzindikator für die Qualität dient (Quester, Pettigrew & Hawkins 2011, S. 136 ff) und somit Qualitätswahrnehmungen beeinflusst. Mit Billigmarken werden niedrige Preise und/oder Qualität verknüpft, was geringe Kundenerwartungen mit sich bringt; Premiummarken werden mit hoher Qualität assoziiert, woraus höhere Erwartungen entstehen – Markenversprechen und Markenvertrauen determinieren Kundenerwartungen (Florack, Scarabis & Primosch 2007, S. 11). Die Gesellschaft für Konsumforschung (2010) stellte fest, dass sich die starke Polarisierung der Märkte abgeschwächt hat und eine stärkere Mitte entsteht; der Verbrauchertrend distanziert sich von extremen Marken. Die Marken 4U und LH repräsentieren die Extreme dieser Skala im Lufthansakonzern: 4U am unteren Ende, LH am oberen Ende der Skala (vgl. Kapitel 3). Die Kooperation löst diese Extremlagen auf und folgt somit dem Trend der Gesamtwirtschaft. Die Marken werden so das Produkt betreffend qualitativ angenähert. Ob dies vom Konsumenten wahrgenommen und anerkannt wird, zeigt sich in den Markenimages.

2.3.2 MARKENIMAGE

Die Einteilung nach Preis-/Qualitätsniveau greift den Qualitätsaspekt auf, welcher objektiv wie in Kapitel 3.2/3 bewertet werden kann, aber vom Konsumenten im Normalfall subjektiv, teils unbewusst bewertet wird. Der Begriff der Marke umfasst mehr als lediglich konkret messbare Elemente und ist somit per se Objekt subjektiver Bewertung: Prestige, Vertrauen oder mit der Marke verbundene Erinnerungen sind Beispiele subjektiver Faktoren. Eine Marke ist also eine kritische Komponente, die Vertrauen, Konstanz und ein vordefiniertes Set von Erwartungen und Assoziationen repräsentiert (Kotler, Bowen & Makens 2010, S. 240 f; Petromilli, Morrison & Million 2002). Meffert (2011) beschreibt Marken als „ein Nutzenversprechen, ein Qualitätssignal" und damit „zentrale Elemente des marktwirtschaftlichen Handelns";

Er schreibt Marken zudem die Rolle eines Informationsfilters zu. Auch Kotler, Bowen und Makens (2010, S. 239 ff) konstatieren, dass Marken den Entscheidungsprozess beim Kunden wesentlich vereinfachen.

Diese Assoziationen, Erwartungen und Attribute entstehen unbewusst oder bewusst in der Wahrnehmung des Konsumenten: Der Kunde schafft sich ein individuelles **Markenimage**. Es ist die Interpretation von Produktattributen und -vorteilen sowie von Nutzungssituationen durch den Zielmarkt (Quester, Pettigrew & Hawkins 2011, S. 286). Alles, was der Konsument über die Marke „felt, learnt, seen and heard" hat (Koll & von Wallpach 2009, S. 338), fließt in das Image ein. Dies beinhaltet sowohl funktionalen Nutzen (z. B. das Angebot einer bestimmten Strecke einer Airline) als auch symbolischen Nutzen (z. B. Prestigegewinn als Business-Class-Kunde der LH). Das Markenimage beantwortet so die Frage, zu welchem Grad der Konsument die jeweilige Marke als Problemlöser ansieht. Ist dies aufgrund des Markenimages nicht der Fall, wird die betreffende Marke nicht weiter in Betracht gezogen. Hierbei ist es vorerst unerheblich, ob sich das subjektive Markenimage mit einer objektiven Bewertung des Angebotes deckt.

Ziel eines Unternehmens ist es daher, beim Kunden einen gewünschten Grad von vorerst wertneutraler **Markenbekanntheit** zu erreichen (*Awareness Set*; vgl. Quester, Pettigrew & Hawkins 2011, S. 99 ff). Dies kann sowohl intentional durch Marketing- und Kommunikationsprogramme als auch willkürlich, bspw. durch Mundpropaganda, geschehen. Bekanntheit entsteht durch jede Form von Kontakt, die der Kunde mit der Marke hat und sagt lediglich aus, dass der Konsument die Marke kennt.

Das Zusammenspiel von Markenbekanntheit und Markenimage wird als **Konsumentenmarkenwissen** beschrieben (Koll & von Wallpach 2009). Ein positives Konsumentenmarkenwissen, also sowohl eine hohe Bekanntheit als auch ein wünschenswertes Markenimage, ist ein signifikanter Wettbewerbsvorteil (Kotler, Maken & Bowens 2010, S. 239). Burmann (2012) schreibt in diesem Sinne von verhaltenswissenschaftlichem **Markenwert**, der vorteilhaftes Verhalten der eigenen Konsumenten aufgrund von Markenassoziationen im Vergleich zu einem ähnlichen Konkurrenzprodukt verkörpert. Forgas et al (2010) kommen in Bezug auf den Fluggesellschaftsmarkt zu der Aussage, dass das Markenimage sowohl bei LCCs als auch bei konventionellen Fluglinien einen starken direkten Einfluss auf die Kundenzufriedenheit und die Loyalität hat.

Der Entstehung des Markenimages ähnlich - aber nicht kundenseitig, sondern firmenintern - findet die **Positionierung** statt. Der aktive Prozess der Positionierung lässt sich nach Kotler, Maken und Bowens (2010, S. 70) wie folgt beschreiben:

"arranging for a product to occupy a clear, distinctive, and desirable place relative to competing products in the minds of the target consumers".

Die Positionierung ist somit die in der Firmenstrategie verankerte Vision für das Markenimage – der maximale Erfolg ist die vollständige Übereinstimmung von Markenimage und Positionierungsziel. Diese Übereinstimmung wird nicht immer erreicht, ausschlaggebend für das Konsumentenverhalten ist das tatsächliche Image in den Köpfen der Konsumenten, nicht die tatsächliche Leistungsqualität (Florack, Scarabis & Primosch 2007, S. 11; auch Quester, Pettigrew & Hawkins 2011, S. 286). Daraus resultierend kann die zu untersuchende Akzeptanz für die vorliegende Kooperation von LH und 4U nicht anhand von objektiver Leistungserbringung oder von Firmenangaben gemessen werden, sondern muss von den Konsumenten selbst bewertet werden.

2.3.3 RESULTIERENDE ERWARTUNGEN UND KUNDENZUFRIEDENHEIT

Aus dem Markenimage resultieren die Erwartungen, die Konsumenten an ein Produkt stellen. Florack, Scarabis & Primosch (2007) modellieren das **Markennutzenversprechen** als die wirkungsvollste Form der Einflussnahme und definieren es wie folgt (2007, S. 11):

"Das Markennutzenversprechen entsteht durch die Verdichtung der konzeptionell-planerischen Identitätskomponenten zu einem symbolischen und einem funktionalen Kundennutzen".

Vereinfacht gesagt: Das Markenversprechen verbindet die Positionierung (konzeptionell-planerische Komponenten, Teil der Markenidentität) mit den Markenerwartungen (symbolischer und funktionaler Kundennutzen, Teil des Markenimages).

Dies gilt für messbare Faktoren wie die angepriesene Ausstattung der Fluggeräte ebenso wie für weiche Faktoren wie die Freundlichkeit des Personals. Kotler, Bowen & Makens (2010, S. 13) sprechen von der Annahme, dass der Konsument ein Produkt als Bündel von Attributen sieht und Erwartungen pro Attribut entwickelt. Ein gutes Erwartungsmanagement sorgt nach Quester, Pettigrew und Hawkins (2011, S. 202 f) für vernünftige, erfüllbare Erwartungen. Werden die Erwartungen erfüllt, ist der

Kunde zufrieden und die anhängenden positiven Aspekte wie wahrscheinliche Weiterempfehlung, wahrscheinlicher Wiederkonsum etc. werden realisiert. Bleiben Erwartungen unerfüllt, ist der Kunde nicht zufrieden gestellt. Die von Schratzenstaller & Jung (2012, S. 2) vorgestellte TripAdvisor-Studie offenbart, dass nicht mehr als 20 Prozent der Befragten „nach einem Negativ-Erlebnis wieder bei der gleichen Airline buchen" würden. Es ist davon auszugehen, dass im kompetitiven Airlinemarkt sowohl 4U als auch LH bei kooperationsbedingt unzufriedenen Kunden Wettbewerbsnachteile erleiden würden. Die Gefahr in vorliegender Kooperation besteht in den offenkundig gegensätzlich positionierten Produkten, die zu divergenten Erwartungshaltungen der Konsumentengruppen führen. So würden durch eine Dehnung der Marke LH ins Billigsegment bei ehemaligen LH-Kunden nicht erfüllbare Erwartungen an das 4U-Produkt entstehen.

Ein hochwertiges Markenimage ist daher nur solange ein echter Vorteil, wie die resultierenden Erwartungen erfüllt oder übertroffen werden können und das Image bestätigt wird. Das Markenerlebnis muss mit den Markenerwartungen übereinstimmen (Florack, Scarabis & Primosch 2008, S. 11 f). Dies innerhalb eines Multimarken-Konzernes unter Ausnutzung von Synergien so zu managen, dass keine Unzufriedenheit entsteht, ist Aufgabe der Markenarchitektur.

2.3.4 MARKENARCHITEKTUR

Nach Petromilli, Morrison & Million (2002) wird unter Markenarchitektur der Weg verstanden, wie Konzerne ihre Marken im Markt organisieren. Hierbei ist die Anzahl der Marken im Portfolio irrelevant, der Fokus liegt auf einer besseren Organisation der Marken und Markenbeziehungen im Portfolio zur Maximierung des Erfolges. Die im Lufthansakonzern angewendeten Konzepte werden daher kurz diskutiert.

Der Gesamtkonzern mit der Dachmarke Lufthansa AG und multiplen untergeordneten Geschäftsfeldern wendet das Konzept **Branded House** an. Die Marke Lufthansa als *master brand* repräsentiert alle Produktfamilien des Portfolios. Dies bietet den Vorteil, global nur eine Marke unterhalten zu müssen (Schultz 2002; Petromilli, Morrison & Million 2002).

Die von der Lufthansa Passage Airline Group als Produktfamilie angewendete Struktur ist das **House of Brands**: eine Markenstruktur, in der jedem Produkt aus dem Portfolio eine eigene Marke zugewiesen wird. Die Einzelmarken zeigen hierbei nach Petromilli, Morrison und Million (2002) in ihrer Außenwirkung keine oder nur wenige auf den Konzern hindeutende Anzeichen und handeln unabhängig voneinander. Das Konzept bietet die Chance, ein breites Produktportfolio mit segmentspezifisch wünschenswerten Markenimages zu verknüpfen, um so die Kategorie zu dominieren. So spricht die LH das Premiumsegment und die 4U das Billigsegment an. Esch et al (2005, S. 908) sprechen hierbei von flankierenden Marken, die so positioniert werden, dass sie Marktsegmente erreichen, die die Stammmarke nicht anspricht. Dem Konzept liegt die Annahme zugrunde, dass das kumulierte Konsumentenwissen über die Einzelmarken höherwertig ist als das Konsumentenwissen über eine mögliche Dachmarke (Schultz 2002; Petromilli, Morrison & Million 2002).

Diese Politik wird mit zunehmender Kooperation gelockert, die Marken LH und 4U vermengt: Die Unabhängigkeit der Marke 4U wird aufgehoben. Die Entscheidung über die Architekturpolitik basiert bei der eingenommenen Konsumentenperspektive auf der Frage, wie stark das Image der zu integrierenden Einzelmarke ist, und ob die bestehende Marke LH mit relativ höherwertigem Konsumentenwissen besetzt ist (Schultz 2002, S. 8). Es wird folglich situationsspezifisch die Politik gewählt, die den höherwertigen verhaltenswissenschaftlichen Markenwert garantiert.

2.3.5 ERFOLGSFAKTOREN DER DEHNUNG VON MARKEN

Bei einer Entscheidung gegen die autonome Markenführung bei gleichbleibender Ambition, neue Marktsegmente anzusprechen, muss die Stammmarke so verändert werden, dass sie das gewünschte Zielsegment erreicht. Das zu Grunde liegende Konzept ist die Dehnung von Marken, um einen **Markentransfer** zu bewirken. Für die mögliche Kooperation von 4U und LH relevant sind die Konzepte der Produktlinienerweiterung sowie der Markenerweiterung nach Esch et al (2005, S. 907 ff). Definiert man die Gesamtheit von öffentlichen Passage-Fluggesellschaften als eine Produktkategorie, so ist die von den LCCs angesprochene preissensible Klientel ein Segment in diesem Markt. In diesem Falle käme die Ansprache des Segmentes durch die Marke LH einer Produktlinienerweiterung gleich. Definiert man den Markt der LCCs als eine eigene Produktkategorie und den Markt der Netzfluggesellschaften als die dazu konträre, so wäre die Ansprache der preissensiblen Zielgruppe durch die Marke LH eine Markenerweiterung. In beiden Fällen würde das Produktportfolio der Marke LH so angepasst, dass es die momentan von der 4U bediente preissensible Klientel anspricht. In die andere Richtung würde bei einem Fortbestand der Marke 4U und einer Kooperation im Sinne eines Eintritts in die Kundensegmente der LH eine Dehnung der 4U in Richtung des von der LH gesetzten Qualitätsstandards erfolgen müssen.

Bei der **Dehnung von Marken** können laut Torres & Greenacre (ohne Jahr) starke existierende Markenimages die Dehnbarkeit von Marken limitieren, da die Akzeptanz des Kundenstammes für abweichende Produktqualitäten nicht gegeben ist. Auch Esch et al (2005, S. 908) raten in diesem Fall zu flankierenden Marken. Einflüsse von markenarchitektonischen Entscheidungen auf die Images der im Portfolio befindlichen Marken werden in der Literatur betont (u. a. Petromilli, Morrison & Million 2002, Schultz 2002, Morgan & Rego 2009). Sie scheinen jedoch für horizontale Kooperationen im Airlinemarkt nicht relevant zu sein: In einer Studie zur Wahrnehmung von Einflüssen der globalen Marketingallianzen auf individuelle Airlinemarken stellen Kalligiannis, Iatrou & Mason (2006, S. 6ff) fest, dass rund 80 Prozent der befragten Marketingleiter in Allianzen befindlicher Airlines meinen, schwache bzw. schwächere Mitglieder in der Allianz zu haben. Trotzdem sehen knapp 90 Prozent der Befragten ausschließlich Vorteile in der gemeinsamen Allianzmarke, negative Stimmen gibt es nicht. Kooperationen mit vermeintlich schwächeren Airlines sorgen somit nach Meinung der Entscheider in den Unternehmen nicht zwangsläufig für Nachteile beim eigenen Markenimage; es bleibt die Unklarheit über die Konsumentensicht hinsichtlich der Kooperationsakzeptanz.

Mit der Vereinbarkeit der Geschäftsmodelle rückt der Konsument in den Mittelpunkt: Er ist letztlich derjenige, der mit seiner Kaufentscheidung über die Kooperationsentscheidungen des Lufthansakonzerns richtet. Iatrou & Oretti widmen der Frage nach der allgemeinen Allianzfähigkeit von LCCs in ihrer Publikation aus dem Jahr 2007 ein eigenes Kapitel (S. 203 f) und stellten zu diesem Zeitpunkt zwei Megatrends heraus, die die Wahrscheinlichkeit von Allianzen mit LCC-Beteiligung und deren Erfolg positiv beeinflussen sollten:

1. Radikale Positionen werden verweichlicht und driften in die Mitte.
2. Größe und Reichweite werden als Erfolgsfaktor immer kritischer.

Diese Trends haben sich seit der Veröffentlichung bestätigt, und wie von Iatrou & Oretti vorhergesagt, scheinen LCCs generell für Allianzen geeignet zu sein. Diese Eignung für Allianzen und Markenkooperationen hängt laut des Modells zur

Messung der Konsumentenakzeptanz für Markenerweiterungen nach Salinas & Pina Pérez (2009) von folgenden Einflüssen auf die Konsumentenmeinung über eine Kooperation ab.

Der Ausgangspunkt ist das bestehende *Brand Image I*, es ist das Markenimage der Stammmarke und dient als Vergleichspunkt mit den Markenimages von möglichen Kooperationspartnern. Nach Esch et al (2005, S. 916) muss das bestehende Markenimage der Stammmarke in Bezug auf Bekanntheit und Image stark genug sein, um klare Assoziationen auf das Erweiterungsprodukt zu übertragen. Salinas & Pina Pérez beschäftigen sich ebenfalls mit Auswirkungen auf das Markenimage nach der Kooperation *(Brand Image II)*. Zur Abschätzung der Konsumentenakzeptanz über die Kooperation (*Extension Attitude*) ist diese Betrachtung überflüssig. Die drei relevanten Einflussfaktoren sind *Category Fit*, *Image Fit* sowie individuelle Charakteristika der Konsumenten, im Speziellen die Innovationsaffinität (*Innovativeness*).

Abbildung 12: Einflüsse auf die Kooperationsakzeptanz nach Salinas & Pina Pérez (2009, S. 52)

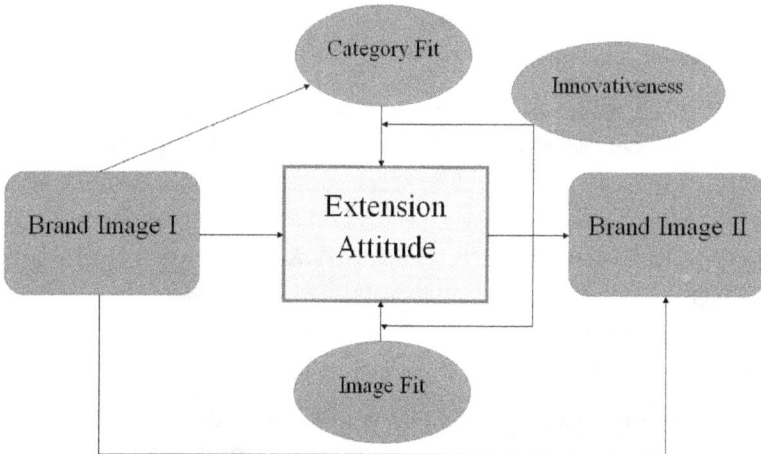

Category Fit umschreibt die wahrgenommene Übereinstimmung hinsichtlich der Produktkategorie zwischen bisherigen Produkten der Marke und den Produkten des Kooperationspartners. Die AMA unterscheidet enge und weite Produktklassen, mit zunehmender Austauschbarkeit, je enger die Klasse definiert ist (AMA 2012d). LH und 4U sind öffentliche Passageairlines mit dem Kerngeschäft der Personenbeförderung und somit in derselben Kategorie. Definiert man die Produktkategorien enger, so muss zwischen LH-Economy (auf einer Ebene mit 4U, gleiche Kategorie) und höheren Serviceklassen der LH (bei enger Definition bilden diese eine abweichende Kategorie) differenziert werden.

Image Fit beschreibt die wahrgenommene Übereinstimmung zwischen dem Markenimage der Stammmarke und dem Markenimage des Erweiterungsproduktes. Für den Fall eines geringen *Fits* sagen Salinas & Pina Pérez (2009, S. 53f) eine geringe Akzeptanz der Konsumenten für die Kooperation voraus. Sie beschreiben eine negative Grundstimmung, welche automatisch zu einer schlechteren Bewertung des Kooperationspartners/-produktes führt (Kirmani et al 1999, in Salinas & Pina Pérez 2009). Kritischer Punkt ist laut Suzuki (2007) die Wahrnehmung des Kooperationspartners als ausreichend gute Alternative (vgl. Kap. 2.2.2/3). Ist dies nicht der Fall, würde die Kooperation folglich als unzuverlässig angesehen – sie würde nicht akzeptiert (Salinas & Pina Pérez 2009).

Innovativeness beschreibt die Offenheit der Konsumenten gegenüber neuen Produkten, Marken oder Kategorien (Salinas & Pina Pérez 2009, Tellis & Yin 2011). Je offener ein Konsument gegenüber Neuerungen ist, desto wahrscheinlicher wird seine Akzeptanz für die Kooperation. Deutschland wird in der Literatur als Kultur mit hoher Unsicherheitsvermeidung beschrieben (Hofstede 2001). Tellis, Yin & Bell (2009, S. 13 f) schreiben Deutschland in ihrer vergleichenden Studie produktbezogener Innovationsaffinitäten ebenfalls eine konservative Rolle zu, was die allgemeine Wahrscheinlichkeit eines Kooperationserfolges verringert.

Um das Fallbeispiel einordnen zu können, wird die Chronik der Kooperation von LH und 4U nachfolgend in relevanten Punkten vorgestellt. Die bisherigen theoretischen Erkenntnisse werden auf ein aktuelles Praxisbeispiel angewendet und fallspezifisch vertieft.

3. Fallbeispiel: Die Kooperation LH-4U

Ein kurzer Blick auf die Entwicklung der Konzernstruktur und der Einzelmarken sowie deren aktuelles Geschäftsmodell mit Fokus auf die 13 bewertungsrelevanten Kriterien (vgl. Kapitel 2.2.3) vermitteln einen Eindruck vom Markenumfeld. Es wird deutlich, dass die Marken lange ohne Schnittmengen und Kontaktpunkte existierten und sich nun erstmals annähern, wobei der Lufthansa AG offenkundig Erfahrungswerte diesbezüglich fehlen. Nachfolgend wird das Kooperationsvorhaben anhand öffentlicher Bekanntmachungen dargestellt. Daraus werden abschließend in Kombination mit den theoretischen Erkenntnissen die Erfolgsfaktoren der Kooperation abgeleitet, um die Basis für eine Bewertung der Kooperationspotenziale zu legen und die Informationsziele der Befragung zu bestimmen.

3.1 Konzernstruktur und Markenführung der Lufthansa AG

Die **Lufthansa AG** hat ihren Ursprung in den 1920er Jahren, als sie als Fluggesellschaft und staatlich subventionierter Monopolist gegründet wurde. Ihre Entwicklung unterlag stets dem Paradigma des Schritthaltens mit Innovationen. Beispiele sind die Einführung der ersten Düsenjets in den 1960er Jahren, um Langstreckenverbindungen anbieten zu können, oder die Einführung der Jumbojets für höheren Flugkomfort in den 1970er Jahren. Globale Marktpräsenz und ein ausgeprägter Qualitätsfokus sind seit jeher Vision der LH (LH 2012i).

In den 1990er Jahren erfolgte die Umstrukturierung „von der Airline zum Aviation-Konzern" (LH 2012i). 1997 wurde die LH privatisiert, als Mitbegründer der Star Alliance manifestierte sich die globale Ausrichtung endgültig in der Unternehmensvision. Damit einher gingen Zukäufe europäischer Mitbewerber: 2005 wurden die Swiss International Airlines sowie im Zeitraum 2007 - 2009 auch die British Midland (mittlerweile wieder verkauft), die Austrian Airlines sowie die Brussels Airlines und die 4U gekauft (LH 2012i, Eurowings 2008). Es resultierte die Lufthansa Passage Airline-Gruppe als eigenständiges Geschäftsfeld innerhalb des Konzerns, dessen Entwicklung mit Logistik, Catering, IT-Services etc. weitere kerngeschäftsfremde Geschäftsfelder unter der Dachmarke LH vereinte.

Als Muttermarke und Basis des Konzerns bildet die Marke Lufthansa als Dachmarke die Spitze des Konzerns, also der Lufthansa Aktiengesellschaft. Sie steht auch an der Spitze der Familienmarke des Kerngeschäfts, der Lufthansa Passage Airline-Gruppe, auch wenn diese kein eigenes Logo aufweist. Die anderen Geschäftsfelder wie Lufthansa Technik oder Lufthansa Cargo tragen alle Lufthansa im Namen/Logo. Mit der Entwicklung zum Konzern wurde insbesondere in der Lufthansa Passage Airline-Gruppe auf die Integration der akquirierten Marken verzichtet. Auf unterster Ebene ist die Marke Lufthansa also eine vieler Einzelmarken innerhalb der Passage Airline-Gruppe. Die Marke Lufthansa wird somit mutmaßlich vom Kunden nicht alleinig als Einzelmarke im Geschäftsfeld der Personenbeförderung gesehen, sondern als Dachmarke des Konzerns. Dies behindert die Untersuchung jedoch in keinster Weise, da die Marke Lufthansa und das anhängende Markenimage vom Konsumenten trotzdem als Entscheidungshilfe genutzt werden. Die Markenarchitektur kann analog zur Darstellung in Kapitel 2.3.1 wie folgt dargestellt werden:

Abbildung 13: Markenarchitektur der Lufthansa AG (Eigene Darstellung)

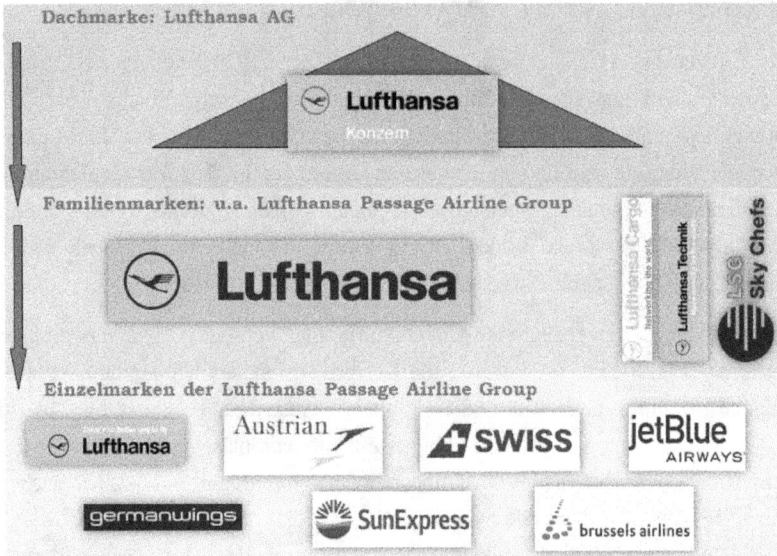

Es wird deutlich, dass die Marke Lufthansa auf allen Ebenen zu finden ist. Ebenso wurde das Kerngeschäftsfeld verlassen und die Marke gedehnt, u. a. in die Bereiche Catering und Technik. Hintergrund dieser Ausweitung ist klar die Intention, das gute Markenimage auch auf andere Geschäftsfelder zu übertragen (vgl. 2.3.5). Dies geschieht bis dato ausschließlich vertikal auf der Wertschöpfungskette, die Einzelmarken innerhalb der Lufthansa Passage Airline Group handeln eigenständig im Sinne des *House of Brands* (vgl. Kap. 2.3.4). Die autonome Führung der Portfoliomarken im Geschäftsfeld Passage sorgt bei Austrian und Swiss als *flag carrier* ihres jeweiligen Landes für den Bestand der im Vergleich zur Lufthansa höherwertigen Markenimages im Heimatmarkt (vgl. Kalligiannis, Iatrou & Mason 2006). Die operative Eigenständigkeit und die dezentralen Strukturen werden in der Konzernstrategie als geschäftsförderliche Faktoren benannt (Lufthansa 2012j). Analog zu den zugekauften Nationalcarriern wurde auch die Marke 4U seit deren Übernahme durch den Lufthansakonzern zum 01.01.2009 (Eurowings 2008) bislang autonom geführt. Der Zukauf hatte die Intention, mit der 4U eine die LH flankierende Marke zur Erschließung des Billigsegmentes in den Konzern einzubinden, um vom Trend der LCC zu profitieren, ohne das Markenimage der LH zu verwässern (Esch et al 2005, S. 908).

Obwohl für den Kunden mit der Ausbreitung des Streckennetzes, gemeinschaftlicher Nutzung von Lounges und gesteigerter Reiseflexibilität nach Aussage der Lufthansa (2012) im Rahmen von Kooperationen unter den Marken bereits viele Vorteile entstanden sind, so gilt dies operativ vielerorts nur für die Lufthansa und die Full-Service-Marken des Portfolios. Schnittmengen mit der 4U sind auf Produktebene nur bedingt vorhanden, was mit stark auseinandergehenden Geschäftsmodellen erklärt werden kann.

3.2 LUFTHANSA: GESCHÄFTSMODELL UND POSITIONIERUNG

Abbildung 14: Logo der LH (lufthansa.com)

Die LH ist ein Vollsortimenter und positioniert sich als führender europäischer **Netzwerk-Carrier** im **Premiumbereich** mit globalem Angebot (LH 2012). Sie operiert mit klarem Qualitätsfokus, was auch der ehemalige Slogan „There's no better way to fly" kommunizierte. Der Anspruch, eine Premiummarke zu verkörpern, wird bestätigt durch die Verankerung von Qualität, Innovation, Sicherheit und Zuverlässigkeit in der strategischen Unternehmensvision (LH 2012a) und deren gelungener Umsetzung auf operativer Ebene:

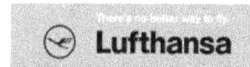

Die mit 246 Destinationen (LH 2012h) hohe Angebotsbreite, die LH alleine durch die Konzernairlines abdeckt, ist beeindruckend. Dazu kommen die im Rahmen der Mitgliedschaft der Einzelmarke Lufthansa Passage Airline in der Star Alliance entstehenden Kooperationen (LH 2012b). Die Airline verfolgt das Ziel einer hohen

43

Gebietsabdeckung in Kooperation mit den Tochterairlines im Multi-Hub-System und generiert an den großen Umsteigeflughäfen Frankfurt, München, Zürich, Brüssel und Düsseldorf durch die Zubringerflüge garantierte hohe Auslastungen auf interkontinentalen Flügen (LH 2012c). Die Airline stellt sich durch dieses System mit über einer Million Flügen jährlich (LH 2012d) von der innerdeutschen Kurzstrecke über die europaweiten Mittelstrecken bis zur interkontinentalen Langstrecke auf – es werden weltweit alle renommierten Primärflughäfen bedient. Der Großteil des Umsatzes (65,4 Prozent) wird in Europa verdient (LH 2012h), wo jedoch nach Schätzungen der FAZ jährlich Verluste in dreistelliger Millionenhöhe eingeflogen werden (Friese 2012; auch Koutoumanus 2012). Grund hierfür ist ein geringer Sitzladefaktor von nur knapp über 70 Prozent (zum Vergleich: in Amerika: 83,5 Prozent; LH 2012h).

Auf allen Strecken können im Rahmen des FFPs *Miles and More* Meilen gesammelt werden. Das Programm ist mit 22 Mio. Mitgliedern das europaweit größte (LH 2012h). Neben Prämienmeilen, die für Sachprämien und insbesondere für Flug- oder Upgradeprämien einsetzbar sind, können Statusmeilen gesammelt werden, die den eigenen Status erhöhen und bei Erreichen fixer Meilenanzahlen mit dem Aufstieg in einen höheren Status samt Sonderrechten wie Loungenutzung oder bevorzugtem Check-In verbunden sind (Miles and More 2012/2012a). Für das höchste Statussegment, den *HON Circle*, müssen eigene Meilen gesammelt werden. Statusmitglieder des Programmes sammeln bei der LH 25 Prozent mehr Meilen, sie erhalten den *Executive Bonus*.

Die LH agiert ihrem GB 2011 zufolge mit besonderem Augenmerk auf Pünktlichkeit und Sicherheit und konnte ihre Kundenzufriedenheit in diesen Punkten und auch generell steigern (LH 2012h). Die AEA widerspricht dem in ihrer Studie von 2008, in der sie der LH 79,5 Prozent pünktliche Flüge bescheinigt (AEA 2008); FlightStats (2012) bescheinigt der LH für Mai/Juni 2012 83,9 % pünktliche Flüge bei einer durchschnittlichen Verspätung von 12,5 Minuten. JACDEC kommt zu einem Sicherheitsindex von 0,08, mit 0,00 als sicherstem Wert einer nach oben offenen Skala: Die LH fliegt sehr sicher (JACDEC 2012).

Die hohe Servicequalität in den Berührungspunkten mit den Kunden ergänzt die qualitätsorientierte Flugplankoordination. Das Produktkonzept basiert auf dem Anspruch, „exzellente Qualität und innovativen Service" (LH 2012e) zu bieten.

Strukturelle Qualität, wie beispielsweise kurze Umsteigezeiten oder die Lokation der Abfertigungscounter, wird ergänzt von hochwertigen variablen Servicedienstleistungen. Die Buchung kann online oder im Reisebüro über CRS erfolgen, multiple Vertriebskanäle werden genutzt. Der Kunde kann seine Serviceklasse wählen und erhält schon bei Buchung der Economy Class an Bord Inklusivleistungen wie etwa Verpflegung, Freigepäck oder In-Flight-Entertainment (LH 2012l). Die Business-Class bietet für die Kurz- und Mittelstrecke zudem die Nutzung von Lounges und schnellerem Check-In am Boden sowie einen garantierten freien Nachbarsitz und bei hohen Buchungszahlen eine Abtrennung von der Economy-Class. Zudem sind die Serviceleistungen höherwertiger, etwa die Verpflegung oder Freigepäckgrenzen (LH 2012m). Eine First-Class kommt i. d. R. nur auf Langstrecken zum Einsatz. Der Check-In erfolgt aufgeteilt nach Serviceklassen konventionell am Schalter, wahlweise auch am Automaten.

Diese hohe Qualität schlägt sich im Preis nieder, der am oberen Ende der Skala anzuordnen ist (Stiftung Warentest 2009). Die Preise sind transparent dargestellt, es erwarten den Kunden bei Buchung keine versteckten Kosten. Zum Zeitpunkt der Recherche wurde auf der Konzernwebsite in Einklang mit dem Berliner Modell mit Niedrigpreisen von 49 € one way ex Berlin geworben, andere Standorte begannen ab 99 € one way. Diese Preisoffensive der LH entspricht dem von Iatrou & Oretti (2007) dargestellten Trend, dass extreme Positionen zunehmend verweichlicht werden und auch die sehr hochwertigen Carrier vermehrt Attribute der LCCs übernehmen, speziell niedrige Preise.

LH kann als Einzelmarke zusammenfassend zweifelsfrei als Premiummarke kategorisiert werden. Beliebtheitsumfragen führen die Marke LH an der Spitze des deutschen Airlinemarktes, das Markenimage stellt sich sehr positiv dar (u. a. Schratzenstaller & Jung 2012, YouGov 2012).

3.3 GERMANWINGS: GESCHÄFTSMODELL UND POSITIONIERUNG

Abbildung 15: Logo der 4U (germanwings.com)

Das Fachblatt Aero ist sich über die Einordnung der 4U in das Billigsegment unsicher: Spricht sie einerseits von Lufthansas „LCC-Tochter Germanwings" (Aero 2012), bescheinigt sie ihr andernorts das Hinauswachsen aus der LCC-Kategorie durch den Status „einstige Billigfluggesellschaft" (Aero 2012a). Der Lufthansakonzern sieht 4U seinerseits als

45

anerkannten Qualitätscarrier (LH 2012h). Eine Darstellung der Produktattribute soll Aufschluss darüber geben, ob 4U den radikalen LCCs zuzurechnen ist.

4U positioniert sich laut LH GB 2011 als „Qualitäts-Carrier unter den Low-Cost-Airlines" (LH 2012h, S. 74). Der Kostenfokus wird nicht so radikal wie bei anderen LCCs verfolgt, wird jedoch vor allem im Servicelevel deutlich, welches deutlich hinter dem der LH zurückfällt. Das Streckennetz stellt sich auf operativer Ebene hochwertiger dar als bei radikalen LCCs, wurde jedoch in letzter Zeit zusammengestrichen. Das Angebot umfasst fünf Standorte in Deutschland und 75 Destinationen der Kurz- und Mittelstrecke, hauptsächlich in Europa (LH 2012h): mengenmäßig kein Vergleich zu Netzfluggesellschaften und dazu regional stark begrenzt. Hierzu passt, dass die 4U keiner der drei großen Allianzen angehört und abgesehen von der beginnenden Kooperation mit der LH autonom handelt. Die Airline operiert LCC-untypisch mit einem (Multi-)Hub-System: Sie bietet Umsteigeverbindungen via Köln, Stuttgart, Hannover und Berlin an und kann so eine Vielzahl innereuropäischer Ziele miteinander verbinden (4U 2012c). So ist es möglich, trotz fehlender Direktverbindung z. B. auf der Strecke Barcelona – Krakau die Gesamtstrecke bei 4U zu buchen. 4U hat den von Iatrou & Oretti (2007) vorhergesagten Schritt zu netzbildenden Operationen bereits gemacht. Die Koordination des Flugplans ist jedoch verbesserungswürdig, bei vielen Umsteigeverbindungen fallen lange *layover* an (Beispiele von germanwings.com: Barcelona - Krakau 3,55 h, Reykjavík - Rom 3,40 h).

Hierbei bleibt die prozessbedingt eigentlich LCC-eigene Pünktlichkeit auf der Strecke: FlightStats (2012a) weist für den Zeitraum Mai/Juni 2012 eine Quote von 28,9 Prozent pünktlicher Flüge bei mehr als einer Dreiviertelstunde durchschnittlicher Verspätungszeit aus. Der Vergleich zur Lufthansa (83,9 Prozent pünktlich) ist ernüchternd. In puncto Sicherheit hält sie den höchsten Standard: JACDEC weist keine Unfälle seit Gründung aus, der Sicherheitsindex liegt mit 0,01 nächstmöglich am sichersten Indexwert 0 (JACDEC 2012).

Die 4U pflegt mit dem Boomerang Club ein eigenes FFP und ist zudem seit Anfang 2011 in das *Miles and More*-Programm der LH eingegliedert (4U 2012a; LH 2012h). Meilen können gesammelt und auch Prämienflüge über die 4U gebucht werden – die Statusvorteile des Programmes kann die 4U jedoch nicht umsetzen, sie gelten bei Buchung über die 4U nicht in vollem Maße.

Bei der Servicequalität zeigt sich der *No-Frills*-Gedanke deutlich. Gebucht werden kann direkt online oder offline, auch im Fremdvertrieb (4U 2012). Es gibt jedoch keine Unterteilung nach Serviceklassen, lediglich drei separat buchbare Tarife; im Basistarif sind mit Ausnahme des Handgepäckes keine Servicedienstleistungen enthalten. Weitere Leistungen wie Gepäckbeförderung, Beförderung von Sportausrüstung oder Verpflegung an Bord können bei Bedarf zugebucht werden. Auch Sitzplatzreservierungen oder die Auswahl eines Sitzes mit mehr Beinfreiheit *(Best Seats)* sind so möglich (4U 2012b). In-Flight-Entertainment existiert nicht (Skytrax 2012). Die drei buchbaren Tarife kombinieren diese Sonderleistungen, unterteilen den Flieger jedoch nicht räumlich (4U 2012b). Laut Skytrax (2012) gibt es keine Wartefazilitäten an den Flughäfen, im Gegensatz zu radikalen LCCs ist jedoch der Check-In kundenfreundlicher; so gibt es die Möglichkeit, regulär am Schalter einzuchecken und es muss keine ausgedruckte Bordkarte mitgebracht werden. Zudem besteht die Möglichkeit des Online-Check-Ins (4U 2012b).

Die Stiftung Warentest (2007; 2009) führte 4U als drittbilligste Airline im deutschen Markt, im Untersuchungszeitraum Juni 2012 wurden die günstigsten Tickets mit 29,99 € beworben (4U 2012). Die beworbenen Preise zielen auf den Basistarif ohne jegliche Sonderserviceleistungen ab, teilweise werden erhebliche Zuschläge fällig. Die Preise sind jedoch transparent dargestellt (4U 2012b).

4U ist somit keine radikale Billigmarke, weist jedoch vor allem im Basistarif in den Kundenberührungspunkten vermehrt Merkmale einer Billigmarke auf. Diese Einschätzung wird von Konsumentenseite bestätigt: In den Imagestudien, die die Lufthansa vorne sehen (Schratzenstaller & Jung 2012, YouGov 2012), taucht 4U nicht vorne auf; ihr Markenimage erscheint inferior zu dem der LH.

Mit dem Zukauf zum 01.01.2009 (Eurowings 2008) ging die Germanwings GmbH in der Lufthansa AG auf, die Einmischung ins operative Geschäft *(degree of commitment)* durch den Übernahmekonzern war jedoch sehr gering, was in fortlaufender operativer Eigenständigkeit der Marke 4U resultierte. Für den Konsumenten wird die Zugehörigkeit zum Lufthansakonzern auf der 4U-Seite nicht offensichtlich dargestellt.

3.4 STATUS QUO UND MÖGLICHE AUSWEITUNGEN DER KOOPERATION

Auch die LH weist nur auf der B2B-Konzern-Website, nicht jedoch auf der für den Kunden konzipierten Startseite auf die Konzernzugehörigkeit hin. Auf dem offensichtlichen Wege wird somit die Konzernverbindung der Marken nicht thematisiert. Die Marken kooperieren im Hintergrund seit längerem, hauptsächlich im Vertrieb und mittlerweile testweise auch im Produktbereich. Hierbei wurden bis dato hauptsächlich Synergien erschlossen, die das Produkt der 4U außerhalb des Kernproduktes dem Standard der LH näher gebracht haben.

Seit dem Start der ersten Kooperationsstufe zum 1. September 2010 ist die 4U als Partner in das *Miles and More*-Programm eingebunden (4U 2010). Seit Januar 2012 ist es möglich, Statusmeilen bei der 4U zu sammeln. Nicht gesammelt werden können *HON Circle*-Meilen, es gibt auch keinen *Executive Bonus* (Miles and More 2012). Zeitgleich wurde 4U in das Firmenkundenprogramm samt PartnerPlus-Firmenverträgen eingegliedert, was die Buchbarkeit der 4U im Firmenkundengeschäft erhöhte (4U 2011a). Flugprämien können im Streckennetz der 4U eingelöst werden, Upgradeprämien sind aufgrund der nicht existenten Differenzierung nach Serviceklassen nicht erhältlich. Seit Januar 2011 ist das *Interlining* zwischen den Angeboten der beiden Marken möglich, was die Kombination z. B. eines Hinfluges mit LH und eines Rückfluges mit 4U ermöglicht (4U 2011). Mit diesem Schritt wurden die Angebote erstmals auch das Flugprodukt betreffend angenähert, die 4U leicht in das komfortsuchende Segment gedehnt. Ab Ende Juni 2012 können zudem Flüge ex Dortmund von LH und 4U kombiniert werden, dies jedoch zunächst nur im Reisebürovertrieb und auf Umstiege in München beschränkt ('Dortmunder Modell'). Dies ermöglicht einen Zubringerflug mit 4U in Kombination mit einem Langstreckenflug der LH, das Gepäck wird dabei durchgecheckt (Münck 2012). Diese Facette der Kooperation gibt dem Konsumenten mehr Möglichkeiten das Streckennetz betreffend, ohne dabei das bestehende (End-)Produkt der Marken am Boden oder an Bord zu verändern. Einzige Konsequenz ist die Kombination der Produkte. Es ist gewissermaßen eine Co-Branding-Allianz (Esch et al 2005, S. 911), die die Preisstärke der 4U mit der Komfortqualität der LH zu verbinden sucht.

Die von 4U und LH (2011) für Frühling/Sommer 2012 angekündigte Kooperation in Stuttgart forciert die Harmonisierung der Produkte, indem der Flugplan aneinander angepasst und Strecken der LH an die 4U übergeben werden (,Stuttgarter Modell'). Faktisch werden Angebote der LH aus dem Markt genommen *(delisting)* und durch teilweise bereits existierende, streckengleiche Angebote der 4U ersetzt. Der Konzern nimmt so doppelt bediente Strecken aus dem Flugplan. Dem Kunden wird die Möglichkeit genommen, auf diesen Strecken die Marke LH zu buchen. Betroffen sind die innereuropäischen Direktstrecken ex Stuttgart mit Ziel London, Bilbao, Manchester, Mailand und Brüssel sowie innerdeutsche Verbindungen, die nicht zu den Hubs Frankfurt, Düsseldorf, München und Hamburg führen. Sucht man für den Zeitraum nach der Flugplanumstellung nun auf lh.com z. B. nach der Strecke Stuttgart – Manchester, wird als einzige Direktverbindung die von 4U operierte Alternative angezeigt. Von LH operierte Verbindungen mit Umstiegen in den Hubs kosten das Zehnfache (LH 2012f). Diese unverhältnismäßig hohe Diskrepanz zwischen den Preisen ist Indiz für die versuchte ‚Weitergabe' des Kunden an die 4U und die intendierte Dehnung derselben in exakt dieses Kundensegment: Der auf die Familienmarke Lufthansa Passage Airline Group verweisende Schriftzug „Lufthansa Group" soll laut Aussage von 4U-Geschäftsführer Wagner (in Bentsche 2011) an den in Stuttgart eingesetzten Maschinen angebracht werden, um „gemeinsam Präsenz zu zeigen". Das starke Markenimage der LH wird so mit der Preisstärke von 4U gepaart. Gemäß Entscheidung des OLG Frankfurt mit AZ 19 U 57/05 (u. a. HMDJ 2005) müssen von Fremdairlines operierte Flüge bei der Buchung kenntlich gemacht werden; dies geschieht im vorliegenden Fall und ist auf der Webseite klar erkennbar.

Faktisch hat dieser Übertrag von Kundensegmenten keine Auswirkungen auf das Boden- und Bordprodukt der 4U. Es bleibt gleich und es erfolgt keine Dehnung, durch die eine gezieltere Ansprache der LH-Kunden mit ihren einhergehenden höheren Erwartungen (vgl. Kapitel 2.3.3) möglich wäre. So können die Flugzeuge der 4U weiterhin nicht nach Serviceklassen unterteilt werden. Die einzige Möglichkeit ist das Buchen der *Best Seats*, was die Konsumenten kontrovers betrachten (vgl. vielfliegertreff.de 2012). Die fehlende Differenzierung nach Serviceklassen zeigt sich vor allem in der bei 4U fehlenden Infrastruktur für Premiumkunden: Nach momentanem Stand erhalten beispielsweise Statusmitglieder des *Miles and More –* Programmes nicht uneingeschränkt die von der LH bekannten Vorteile, wie Fasttracking beim Check-In oder Loungezugang. Die 4U unterhält keine eigenen Lounges, die eigentlich einfach umsetzbare gemeinsame Nutzung einer LH-Lounge (falls vorhanden) ist erst ab SEN[8]-Status möglich. Mitglieder mit Status FTL[9] haben somit keinen Zugang, ebenfalls darf kein Gast mitgenommen werden (LH 2012k), was bei einer LH-Buchung möglich wäre. So wird getestet, „ob hochgeschätzte Geschäftsreisende Germanwings annehmen" (FVW 25.05.2012, S. 8), ohne das Produkt aufwendig und teuer anpassen zu müssen.

Beim ‚Berliner Modell‘ geschieht dieser von Vorstand Carsten Spohr offen kommunizierte, zunächst auf ein Jahr begrenzte Test in die andere Richtung: Es wird untersucht, „wie weit preissensible Privatreisende die Marke Lufthansa akzeptieren (FVW 25.05.2012, S. 8)" – hierfür werden ab Sommer one way-Flüge ab 49 € angeboten, was preislich eine Revolution bei der LH darstellt: Bisher waren Preise von 99 € das günstigste Angebot (vgl. Kapitel 3.2). Die Kosten sollen durch den Einsatz von Leiharbeitern statt festem Personal aufgefangen werden, zudem wird mit dem Point-to-Point-Betrieb auf ausgewählten Strecken ex Berlin ein weiteres Erfolgsmerkmal der LCCs kopiert. Die LH erhofft sich so gleichbleibende Servicequalität trotz geringerer Kosten, jedoch muss die Validität dieser Annahme aufgrund des eingesetzten, nicht selbst angelernten Personals bezweifelt werden: Nach Florack, Scarabis & Primosch (2008, S. 11 f) sind die Mitarbeiter der wichtigste Träger und Multiplikator der Markenidentität und somit größter Einflussfaktor auf deren Umsetzung auf operativer Ebene. Da Leiharbeiter extern geschult und nicht dauerhaft im Unternehmen beschäftigt sind, erscheint die notwendige Identifikation mit den Markenwerten der LH zweifelhaft.

Die LH testet so zwei Markendehnungsmodelle, um das Verlustgeschäft des dezentralen Europaverkehres entweder nach dem Stuttgarter Modell an die 4U abtreten oder nach dem Berliner Modell mit einem angepassten Produkt weiterhin selbst zu bedienen. Darüber hinaus wird die Akzeptanz einer Co-Branding-Strategie für den europäischen Zubringerverkehr durch das Dortmunder Modell geprüft. Vom Ausgang der Tests hing die zukünftige Markenstrategie ab, der Fortbestand der Marke 4U wurde beschlossen, die Kooperation wird umgesetzt (Lufthansa 2012n). Betriebswirtschaftlich sinnvoll sind die Überlegungen allemal, einzig die Qualität des Bord- und Bodenprodukts leidet: Durch die Übernahme von Slots und Strecken durch die 4U wird dem Kunden deren schlechtere Servicequalität zuteil, das für den Eintritt

---

[8] SEN = Senator, der zweithöchste (von drei) zu erreichende Status im *Miles and More*–Programm
[9] FTL = Frequent Traveller, der niedrigste (von drei) zu erreichende Status im *Miles and More*-Programm

in den Billigmarkt angepasste LH-Produkt ist inferior zu bisherigen Produkten. Zudem wird versucht, die Kundenstämme beider Marken zusammenzuführen und unter der gewählten Marke zu vereinen, wobei unterschiedliche Image- und Erwartungsprofile aufeinandertreffen. Inwiefern dies ausreicht, um die Akzeptanz für die Kooperation zu gefährden, bleibt zu klären. Die Offenlegung von Erfolgsfaktoren für die Kooperation ist daher essentiell und stellt den abschließenden Punkt des Fallbeispiels dar, für den Erkenntnisse der ersten Kapitel interpretiert und untereinander das Fallbeispiel betreffend verknüpft werden.

3.5 ERFOLGSFAKTOREN DER KOOPERATION

Die von Iatrou & Oretti (2007) für den Airlinemarkt herausgestellten Megatrends der Auflösung radikaler Marktpositionen und der Wichtigkeit von Reichweite im Streckennetz werden durch die Kooperationsvorhaben bestätigt: Das 4U-Produkt, von der Netzstruktur seit jeher nicht LCC-typisch, wird weiter aufgewertet. Es würde sich durch die Integration in Hub-Verkehre der LH weiter von der typischen radikalen Position entfernen, während LH sich mit der offensiven Bewerbung von 99-€-Tickets preislich an die LCCs angenähert hat und mit der nächsten Stufe von 49 € ex Berlin weiter annähert; radikale Positionen werden aufgelöst, was für die Gesamtwirtschaft von der GfK bestätigt wird (GfK 2010).

Die Frage des *Category Fit* nach Salinas & Pina Pérez (2009) schließt sich an. Dieser kann den Überlegungen die Geschäftsmodelle betreffend nur beim Vergleich der LH-Economy Class mit dem 4U-Produktportfolio gegeben sein, nicht aber bei höheren Serviceklassen der LH. Fest steht, dass die freie Kombinierbarkeit von Strecken in der Business-Class nicht möglich ist, da die 4U keine Business-Class unterhält. Eine Business-Class-Buchung könnte somit auf der 4U-Strecke für höchstmöglichen *Fit* nur auf das *Best Seat*-Angebot inklusive des nicht vergebenen Nachbarplatzes mit maximal möglichen Servicedienstleistungen zurückgreifen. Fragliche Kriterien sind insbesondere Bodenprodukt und Bordprodukt, da diese für zielgerichtetes *Targeting* von Kunden der exklusiven Serviceklassen gesonderter baulicher Infrastruktur bedürfen. Ebenso betroffen ist das FFP *Miles and More*, welches bei der 4U nach derzeitigem Stand auf diese Infrastruktur nicht zugreifen kann und daher z. B. durch fehlende Upgrademöglichkeiten nicht deckungsgleich zur LH ist. Es wird der objektiven Betrachtung nach eine Änderung der Produktgestaltung von Seiten der 4U zur Ansprache des oberen Segmentes der LH-Kunden notwendig sein, diese

Annahme muss durch die Markenimages verifiziert werden. Die LH hingegen muss den Spagat zwischen preislicher Attraktivität für die preissensiblen Segmente und hohem Komfort für die qualitätsaffinen Segmente schaffen und dabei deutlich billiger werden.

Die Grundvoraussetzung der Kooperation ist die Zugehörigkeit des jeweiligen Kooperationspartners zum *Evoked Set* des Kundenstamms des Gegenstücks. Maximaler Kooperationserfolg ist somit die Repräsentanz von sowohl LH als auch 4U in dem Pool der Marken, die bei beiden Kundenstämmen den ersten Schritt des Entscheidungsprozesses nach Suzuki (2007) überstehen. Nur dann können Angebote wie das *Interlining* oder die Kombination von einem 4U-Zubringerflug mit einem LH-Langstreckenflug Akzeptanz beim Konsumenten finden und nur dann gehen dem Gesamtkonzern keine Kunden verloren. Diese Akzeptanz bedarf ausreichendem *Image Fit* (nach Salinas & Pina Pérez 2009) die Performance der relevanten Kriterien betreffend. Um den Begriff ‚relevante Kriterien' genauer zu beleuchten, wird eine Analyse der *Evoked Sets* in den von Teichert, Shehu und von Wartburg (2008) ermittelten Marktsegmenten durchgeführt. In diesen Segmenten wird analysiert, welches Image der 4U auf den genau für dieses Segment relevanten Kriterien bei LH-Kunden vorherrscht. Die gleiche Analyse erfolgt analog vice versa. Ein Einflussfaktor auf die mögliche Aufnahme weiterer Marken in das Repertoire des *Evoked Sets* ist die Habitualität des Segmentes. Ist diese durch hohe Flugfrequenz und geringen betriebenen Aufwand bei der Entscheidungsfindung existent, suggeriert dies ein weitgehend adynamisches Set, was die Aufnahme weiterer Marken erschwert.

Die in Deutschland durchschnittlich geringe *Innovativeness* sowie die weiteren verhaltenswissenschaftlichen Theorien sprechen gegen eine Kooperation, da alle eine unbewusste Bevorzugung der höherwertigen Marke suggerieren. Dies wird verstärkt, wenn die höherwertige Marke bereits genutzt wurde oder zum Standardrepertoire zählt. Mit sinkender Innovationsaffinität steigen zudem die Wechselkosten der Kunden höherwertiger Marken an: Gewohnte Prozeduren auf allen Produktebenen von der Buchung bis zur an Bord gereichten Zeitung müssen aufgegeben werden, was bei konservativer Grundhaltung gegenüber Neuerungen an Relevanz gewinnt. Es ist davon auszugehen, dass mit zunehmender Bestätigung der konservativen Einstellung der Konsumenten das Kooperationspotenzial geringer wird.

Die Untersuchungen zu Wechselkosten im Airlinemarkt in Kombination mit den habituellen Theorien des Konsumentenverhaltens lassen den Schluss zu, dass bei *Low Involvement* wahllos eine weitere Repertoiremarke gewählt wird. Dies ist nach Carlsson & Löfgren (2006) in der Mehrzahl der Fälle ein direkter Konkurrent. 4U und LH stehen aufgrund differierender Zielgruppen jedoch in keinem direkten Konkurrenzverhältnis, die Lufthansakunden würden demnach nicht konzernintern zur 4U wechseln, sondern versuchen, durch die Wahl einer Alternative mit ähnlichem Markenimage die Wechselkosten möglichst gering zu halten.

Damit einher geht die Frage, wie sich die Markenimages von 4U und LH darstellen und welche Faktoren auf das momentane Markenimage einwirken. Aus der Bewertung von Kriterien, die im Produkt faktisch übereinstimmen, vom Konsumenten aber nicht direkt bewertet werden können, kann bei signifikanten Diskrepanzen ein für alle Kriterien relevanter Imagenachteil abgeleitet werden. Das genutzte Referenzkriterium ist die Sicherheit, die so stark reglementiert ist, dass keine Abweichungen im Produkt existieren können. Sie kann auch nicht direkt bewertet werden, da der normale Fluggast von den Technologien und Abläufen nicht ausreichend Kenntnis hat. Werden die Marken trotzdem unterschiedlich bewertet, so kann von der Nutzung des generellen Images oder des Preises als Ersatzindikator ausgegangen werden. Es steht anzunehmen, dass dies aufgrund der Klassifizierung als LCC für die 4U einen Imagenachteil mit sich bringt. Sollte sich also dieser Imagenachteil feststellen lassen, muss geprüft werden, welche Faktoren diesen zu verantworten haben.

Von Seiten des LH-Konzernes wird nicht offensiv kommuniziert, dass die 4U Teil des Konzerns ist, obwohl dies einen positiven Einfluss auf das Markenimage haben könnte. Es muss untersucht werden, wie groß der Anteil derjenigen ist, die über die Zugehörigkeit Kenntnis haben und daraus folgend muss der Einfluss der Kenntnis über die Konzernzugehörigkeit auf das Markenimage der 4U modelliert werden. Der Theorie folgend sollte diese Kenntnis einen positiven Einfluss haben, falls das Markenimage der LH insgesamt superior zu dem der 4U ist - starke Hinweise auf diese Annahme finden sich in den vorangegangenen Kapiteln.

Weitreichende Aspekte konnten dabei bereits theoretisch vorbereitet werden, die durch die Markenimages repräsentierte Konsumentenperspektive bedarf jedoch einer praktischen Herangehensweise, wie u. a. von Petromilli, Morrison & Million (2002) gefordert. Daher schließt sich im Folgenden eine Befragung an, die das Ziel die Abbildung von Markenimages verfolgt. Danach werden im letzten Kapitel Ergebnisse aus den theoretischen Untersuchungen und der Primärerhebung zusammengeführt, um die Kooperationspotenziale zu bewerten.

4. PRIMÄRERHEBUNG ZUR MODELLIERUNG DER MARKENIMAGES VON LH UND 4U

Die bisherigen Kapitel legen dar, dass der Kooperationserfolg wesentlich von den Einstellungen der Konsumenten beiden Marken gegenüber abhängt. Die Abbildung des Konsumentenwissens über beide Marken ist für die Offenlegung möglicher Kooperationspotenziale der nächste Schritt. Die Verknüpfung der theoretischen Erkenntnisse mit dem Fallbeispiel ergibt schlüssige Hypothesen sowie offene Fragen, deren Prüfung bzw. Beantwortung das Ziel der Befragung darstellt. Im Folgenden werden zunächst die ausgewählten Instrumente der empirischen Sozialforschung erklärt und die Auswahl begründet, im Anschluss werden dann die Methodik sowie das finale Medium der Befragung vorgestellt.

Gewählt wurde der direkte Weg einer Teilbefragung. Mit 436 Befragten im Zeitraum vom 27.06.2012 bis zum 04.07.2012 verlief die Befragung zufriedenstellend, sodass die in Kapitel 4.3 und Kapitel 5 präsentierten Ergebnisse aussagekräftig sind.

4.1 KONZEPTION DES FORSCHUNGSVORHABENS

Die Basis der Untersuchung ist die begründete Wahl der direkten Teilbefragung als Untersuchungsform. Es schließt sich die inhaltliche Konzeption mit Hypothesenbildung und der Benennung von Arbeitsfragen an, die in die Identifikation von Informationszielen mündet. Darauf aufbauend folgt die methodische Konzeption mit dem Ziel, denjenigen Weg zu finden, der das Informationsziel am effektivsten erreicht. Das Ergebnis ist der Fragebogen der Primärerhebung.

4.1.1 AUSWAHL DER UNTERSUCHUNGSFORM

Sämtliche kundenseitigen Überlegungen, und damit auch das Markenimage, sollten direkt beim Konsumenten erhoben werden (Petromilli, Morrison & Million 2002) und gewinnen an Qualität, wenn Meinungsführer in der Stichprobe gut repräsentiert sind (Quester, Pettigrew & Hawkins 2011, S. 472). Hierfür bietet die empirische Sozialforschung zwei Forschungsdesigns: direkte und indirekte Methoden. Der angewendete Konsumentenfokus lässt direkte Forschungsformen effektiver erscheinen, da diese die Konsumentenmeinung ungefiltert und akkurat für die relevanten Informationsziele erfragen, während indirekte Methoden das

Konsumentenverhalten ohne lenkende Eingriffe durch den Erheber beobachten und Rückschlüsse ziehen (WPGS 2012a).

Beobachtungsmethoden erscheinen gegenüber Befragungsmethoden aufgrund ihrer deskriptiven Natur und der resultierenden fehlenden Untersuchungstiefe die Motive und Beweggründe betreffend ungeeignet; Fokusgruppeninterviews, Expertenbefragungen sowie Befragungen repräsentativer Zielgruppenausschnitte (u. a. Quester, Pettigrew & Hawkins 2011, S. 131) kommen in Frage. Bedingt durch die Heterogenität des Marktes (vgl. Kapitel 2.2.3) scheint die Repräsentativität von Expertengesprächen und Fokusgruppen im Gegensatz zu einer Teilbefragung zweifelhaft. Ausreichende Rücklaufzahlen und die Auswahl der Befragten werden über den Erfolg der Methode entscheiden (Wang 2011).

Die Befragung kann einerseits von einem Erheber verwaltet werden; andererseits kann sie so gestaltet sein, dass der Befragte den Fragebogen ohne Unterstützung beantworten kann (Agrawal 2011, S. 238). Ersteres beinhaltet persönliche oder telefonische Interviews, die zweite Alternative unterteilt sich in postalische und internetbasierte Befragungen. Die vorliegende Untersuchung wurde als internetbasierte Befragung durchgeführt. Der Grund hierfür ist der beste *Fit* mit den an eine Befragung gestellten Bedingungen in Anlehnung an Agrawal (2011, S. 238):

i.) Die Methode muss die Zielgruppe erreichen.

ii.) Das Budget muss die Befragungsform zulassen.

iii.)Der Zeitaufwand muss vertretbar sein.

Für die Bedingungen ii und iii stellt die Onlinebefragung klar die beste Option dar. Sie ist kostenlos und die Reaktionszeit ist kurz, Antworten können bereits wenige Minuten nach Öffnen des Links durch die Befragten vorliegen. Diese Bedingungen diktierten die Entscheidung. Bedingung i wird zudem von der Onlineumfrage ausreichend und nicht schlechter als von den anderen Befragungsformen erfüllt. Durch die steigende Zahl von Onlinebuchungen im Fluggesellschaftsmarkt, erstaunlicher demographischer Homogenität des onlineaffinen Segmentes und der Dominanz innereuropäischer Zielflughäfen bei Online-Buchungen (DRV 2012) kann davon ausgegangen werden, dass große Teile der Zielgruppe von der Onlinebefragung erreicht werden. Zudem wird das zeitsensible, für die Befragung essentielle meinungsführende Segment der Vielflieger und Geschäftsreisenden von dieser Methode am besten angesprochen, was Agrawal (2011, S. 238) für mittlere

Managementpositionen und damit potentielle Geschäftsreisende bestätigt. Einschränkungen in der demographischen Repräsentativität, z. B. mangelnde Rücklaufzahlen in den oberen Altersgruppen, müssen in Kauf genommen werden.

Die internetbasierte Befragung wird entweder selbst programmiert oder bei fehlendem Wissen darüber programmgestützt erstellt (Agrawal 2011). Aufgrund positiver Vorerfahrung wurde mit dem Onlinetool GoogleDocs auf ein bestehendes Programm zurückgegriffen. Einladungen zur Teilnahme können entweder gezielt versandt werden oder automatisch an bspw. jeden Besucher einer Website gesendet werden (Wang 2011). In dieser Untersuchung wurde der Link zur Befragung an ausgewählten Stellen veröffentlicht, mehr hierzu im folgenden Kapitel. Wang (2011) kommt wie auch Agrawal (2011) zu dem Schluss, dass eine Onlinebefragung bei richtiger Auswahl der Befragten eine hohe Qualität aufweisen kann. Sie besitzt eine höhere Flexibilität als ein Papierfragebogen (Wang 2011), da aufgrund vorheriger Antworten in der Folge irrelevant gewordene Fragen gezielt ausgelassen werden können. Wang (2011) sieht drei Hauptprobleme für die Arbeit mit Onlinebefragungen:

i)   Potentiell fehlende Repräsentativität, wenn Segmente der Zielgruppe keinen oder unzureichenden Zugang zum Internet haben.

ii)   Qualitätsgefährdung durch mögliche Manipulationen.

iii)   Potentiell geringe Rücklaufquote.

Problem i wurde oben bereits aufgegriffen und muss in Kauf genommen werden, kann aber durch sorgfältige Distribution der Befragung gering gehalten werden. Problem ii kann durch die Kennzeichnung der Befragung als universitäres Projekt als irrelevant angesehen werden; es scheint unwahrscheinlich, dass Interesse an der Manipulation einer derartigen Umfrage besteht. Problem iii ist sehr relevant und bedarf gründlicher Planung und Überlegung, um ausreichende Rücklaufzahlen zu erreichen; siehe hierfür Kapitel 4.2.1.

An die Entscheidung über die Befragungsform schließt die inhaltliche Konzeption der Befragung an. Diese unterteilt sich in zwei Schritte: Nach der Bildung der Hypothesen und dem Stellen der Arbeitsfragen samt Identifizierung der Informationsziele wird nach Wegen gesucht, die Informationsziele effektiv zu erreichen; der Fragebogen wird ausgestaltet.

Aus der theoretischen Aufarbeitung des Themas ergeben sich im Kontext des Fallbeispiels sowohl realistisch erscheinende, aber nicht belegbare Annahmen (Hypothesen) als auch weitestgehend unklare Probleme ohne Hinweise auf mögliche Lösungen (Arbeitsfragen). Die Arbeit mit Hypothesen dient dem Überprüfen von Annahmen, während Arbeitsfragen ein Element der explorativen Marktforschung sind und dem Finden von Erkenntnissen dienen (WPGS 2012). Agrawal (2011) präferiert die Arbeit mit Hypothesen und schlägt vor, nur bei akutem Fehlen von Anhaltspunkten Fragestellungen ohne hypothetische Basis zu formulieren. Er sagt jedoch deutlich, dass simultanes Arbeiten mit Hypothesen und Fragestellungen möglich und nicht weniger erfolgsversprechend als das alleinige Arbeiten mit Hypothesen ist. Für Untersuchungen zu konkreten Problemstellungen bringt er im Gegenteil an, dass Fragestellungen effektiver sein können.

Beide Herangehensweisen führen laut Agrawal (2011) zur Formulierung eines Informationsziels in Form der benötigten Daten zum Testen der Hypothesen bzw. zur Beantwortung der Arbeitsfragen. Seine tabellarische Darstellung ist unten bereits an die Informationsziele der Befragung angepasst und in absteigender Relevanz für die Beantwortung der Gesamtfragestellung dargestellt:

Abbildung 16: Informationsziele der Befragung, in Anlehnung an Agrawal (2011, S. 238)

Nummerierung	Hypothese bzw. Arbeitsfrage	Informationsziele / Benötigte Daten
Hypothese I	Germanwings wird von Konsumenten schlechter beurteilt als Lufthansa.	Qualitative Bewertung des Images beider Airlines für alle 13 Entscheidungskriterien.
Hypothese II	Die Verwicklung in die Entscheidung differiert in verschiedenen Marktsegmenten.	Bewertung der für die Entscheidung aufgebrachten Ressourcen.
Hypothese III	Bei fehlender Produktkenntnis wird der Preis als Ersatzindikator zum Schätzen der Performances anderer Kriterien verwendet.	Korrelation von Preisbewertung mit anderen Entscheidungskriterien bei existenter/fehlender Produktkenntnis.
Hypothese IV	Attribute des Lufthansa-Markenimages werden bei Kenntnis der Konzernzugehörigkeit auf das Image der Germanwings übertragen.	Unterschiede im Markenimage der Germanwings bei Kenntnis/Unkenntnis der Konzernzugehörigkeit.
Arbeitsfrage I	Worauf achtet der deutsche Konsument bei der Fluggesellschaftswahl besonders?	Bewertung der Relevanz aller 13 Entscheidungskriterien.

Hypothese I (H1) ergibt sich aus den Beobachtungen zu den Geschäftsmodellen, sowohl allgemeiner als auch fallspezifischer Natur. Faktisch gesehen ist 4U qualitativ minderwertig im Vergleich zur Lufthansa; es bleibt zu überprüfen, ob der Konsument dies in seinem Markenimage bestätigt und falls ja, in welchem Ausmaß.

Hypothese II (H2) entsteht aus der Modellierung des Prozesses der Airlinewahl. Es entsteht der Eindruck, dass das *Involvement* der Konsumenten bei der Kaufentscheidung sehr heterogen verteilt ist. Dies gilt es zu belegen und zu quantifizieren.

Hypothese III (H3) ist der Übertrag standardmäßiger Theorie auf das Fallbeispiel.

Hypothese IV (H4) basiert auf der Intention des Lufthansa-Konzernes, wünschenswerte Markenimages auf neu ins Portfolio kommende, teils in den Produktkategorien abweichende Produkte zu übertragen. Es wird der Unterschied im Markenimage von 4U zwischen über die Konzernzugehörigkeit wissenden und unwissenden Befragten analysiert.

Arbeitsfrage 1 (AF1) erwächst aus den in Kapitel 2.2.1 anhand der Literatur beschriebenen Einflüssen auf die Bewertung und Auswahl von Alternativen im Rahmen des Konsumentenentscheidungsprozesses. Die Relevanz der Entscheidungskriterien muss fallspezifisch erhoben werden, da keine generalisierbaren Sekundärdaten vorhanden sind.

Diese vier Hypothesen und die Arbeitsfrage bilden den Kern der Untersuchung. Ihnen untergeordnete Informationsziele einfacherer Natur, etwa die Abfrage, ob bekannt ist, dass 4U zum Lufthansakonzern gehört, werden nicht explizit aufgeführt. Sie sind hauptsächlich für die Zuordnung der Markenimages zu verschiedenen Marktsegmenten relevant. Daher ist es unerlässlich, auch einen nicht konkrete Informationsziele beleuchtenden Teil in den Fragebogen zu integrieren. Der Fragebogen wird folgend im Hinblick auf einen möglichst hohen Erreichungsgrad der Informationsziele konzipiert.

Bei der Erstellung des Fragebogens wurde auf die Empfehlungen von Agrawal (2011) zurückgegriffen. Grundlegendes Paradigma bei der Erstellung des Fragebogens neben der Erreichung der Informationsziele ist die Nutzerfreundlichkeit. Hierbei entscheidend sind die Anzahl der Fragen sowie die gewählten Frageformen. Da keine materiellen Anreize für die Teilnahme an der Befragung geschaffen werden konnten, beruht die Teilnahme der Befragten auf gutem Willen. Es gilt daher, den Fragebogen kurz, leicht verständlich und so vom Aufwand her zumutbar zu halten. Gräf (1999) hält hierbei eine Länge von zehn Minuten für angemessen, was entsprechend als zeitliches Ziel definiert wird.

Grundsätzlich unterschieden wird nach offenen und geschlossenen Fragen. Geschlossene Fragen geben Antwortmöglichkeiten vor, während bei offenen Fragen die Antwort vom Befragten individuell bestimmt wird. Bei der vorliegenden Befragung werden in den Hauptuntersuchungspunkten (den Entscheidungskriterien) Meinungen und Einstellungen beleuchtet, die anders als Wahrheiten nur geschlossen und mit multiplen Skalen abgefragt werden können (Agrawal 2011, S. 239). Aus dieser Frageform bestand folglich das Gros der Befragung. Für jedes Informationsziel wurde die Frageform inklusive Skala entwickelt und begründet. Die endgültige Fragebogenfassung ist im Anhang IV einzusehen.

Zunächst werden die Fragen zu unterstützenden, für die spätere Auswertung der Ergebnisse relevanten Informationen erarbeitet (**Teil A**). Hierzu zählen neben der klassisch am Ende des Fragebogens abgefragten Demographie die Informationen über Markenpräferenz und Markenvorerfahrung sowie zum Flugverhalten.

Im Anschluss (**Teil B**) stehen die konkret thematischen Informationen im Vordergrund: Abfrage der Markenimages nach Bewertungskriterien, Abfrage der Kriterienrelevanz sowie die Frage nach dem *Involvement* des Konsumenten. Die Zuordnung zu Teil A/B sagt nichts über die spätere Anordnung im Fragebogen aus, sondern dient lediglich der inhaltlichen Vorstellung. Die Formulierung und Anordnung der Fragen folgt den Vorschlägen nach Agrawal (2011) und Gräf (1999). Generell gilt: Am Anfang platzierte geschlossene Fragen mit persönlichem Bezug erleichtern dem Befragten den Einstieg; dies wird komplett umgesetzt. Der finale Fragebogen wird aus Platzgründen nicht abgebildet, er ist im Anhang IV vollständig einsehbar.

A1: Demographie

Aufgrund des regional stark eingeschränkten Angebots der 4U in Deutschland ist die Nutzung der Abflughäfen der 4U ein einflussreicher Faktor. Der Befragte wird gebeten, mit der Möglichkeit von Mehrfachnennungen seine in den letzten zwölf Monaten genutzten Flughäfen in einer geschlossenen Frage anzugeben, der genaue Wohnort ist nicht weiter relevant. Es werden die neun größten Flughäfen Deutschlands als Antwortalternativen vorgegeben. Die Mehrfachnennung ist zudem unerlässlich, da laut Suzuki (2007) durchschnittlich 3,9 Flughäfen im *Evoked Set* der Abflughäfen befindlich sind.

Ergänzend werden das Alter nach Altersgruppen sowie die berufliche Stellung geschlossen abgefragt. Demographische Daten sind für die Untersuchung nachrangig und werden daher bewusst nur minimal zum groben Abschätzen der Repräsentativität abgefragt.

A2: Produktpräferenz

Die Information darüber, ob der Befragte eher dem Kundenstamm der Netzfluggesellschaften oder dem der Billigflieger zuzuordnen ist, ist für die Analyse der Ergebnisse essentiell. Dies lässt präferenzsegmentierte Markenimages zu und bietet so die Möglichkeit, die Marke 4U aus Sicht eines potenziellen Lufthansakunden und vice versa zu betrachten.

Hierbei wird der Befragte direkt vor ein Problem mit limitiert zwei möglichen Lösungen gestellt. Das Problem ist die Notwendigkeit eines Direktfluges vom aus Sicht des Befragten präferierten Flughafen nach Istanbul. Dies eliminiert den Faktor der Flughafenwahl und konzentriert das Problem so auf die Wahl der Fluggesellschaft. Die Destination liegt bewusst in Europa und somit auf einer möglichen Kooperationsstrecke. Die Lösungen sind marktgetreue Angebote von LH und 4U, dargestellt ohne Markennennung als Option Billigflieger und Option traditionelle Fluggesellschaft. Bezüglich der Faktoren Umsteigeverbindung (Non-Stop-Flug), Abflugzeit (nicht spezifiziert), Flugdauer (02h 50min) und Umbuchbarkeit (nicht möglich) sind beide Angebote identisch. Weitere relevante Faktoren (Preis, Verpflegung, Gepäck, FFP) werden kurz realistisch auf Basis reeller Angebote der LH und 4U dargestellt (Näheres siehe Anhang V). Die Information darüber, welche Alternative gebucht würde, belegt die Präferenz.

A3: Markenvorerfahrung/Markenkenntnis

Die eine benötigte Information ist das Bewusstsein des Befragten über die Konzernzugehörigkeit der 4U zur Lufthansa AG. Dies geschieht als polarisierende Alternativfrage „Ja/Nein", da eine Wahrheit und keine Einstellung abgefragt wird (Agrawal 2011, S. 239). Da diese Frage am Anfang gestellt aufklärend und damit suggestiv wirken würde, muss sie am Ende der Befragung stehen. Die Information hierüber liefert Rückschlüsse auf den Übertrag des Images von Lufthansa auf 4U. Falls das 4U-Image derjenigen, denen es bewusst war, einseitig signifikant vom Image der Unwissenden abweicht, ist ein Zusammenhang bewiesen.

Die zweite benötigte Information ist die der Kenntnis beider Marken. Es macht keinen Sinn, Teilnehmer ohne Markenkenntnis nach ihrem Markenimage zu befragen. Daher muss vor Beginn der Abfrage bzgl. der Markenimages eine Filterfrage gestellt werden (Agrawal 2011, S. 243), die abfragt, ob der Teilnehmer über eine ausreichende Informationsbasis für ein Markenimage verfügt. Dies kann direkt (‚habe genutzt') oder indirekt (‚habe von gehört') gewährleistet sein. Trifft beides nicht zu (‚kenne die Marke nicht'), wird der Teilnehmer für diese Marke an der Abfrage nach dem Markenimage vorbeigeleitet, kann jedoch das Image der bekannten Marke beschreiben. Die Aufteilung nach direkter Markenerfahrung und indirekter Markenkenntnis lässt so Untersuchungen zur Veränderung des Images durch die Nutzung des Produktes zu.

A4: Flugverhalten

Die Abfrage des Flugverhaltens umfasst vier weitere Aspekte, die Möglichkeiten zur Segmentierung geben können:

a.) Flugfrequenz

Die Flugfrequenz lässt Rückschlüsse auf das *Involvement* zu und ist zudem wichtigster Parameter für die strategische Ausrichtung auf profitable Konsumentensegmente. Es erscheint aufgrund der theoretischen Vorüberlegungen unwahrscheinlich, mit dem Kooperationsprodukt den Gesamtmarkt zu erreichen. Daher muss geschaut werden, in welcher Beziehung Markenimages und Flugfrequenz stehen. Die Flugfrequenz wird geschlossen für die zurückliegenden zwölf Monate abgefragt. Obwohl die Zeitspanne lang und unüberschaubar ist, wäre bei einer Verkürzung etwa auf das Kalenderjahr 2012 (6,5 Monate) die

Sommersaison 2011, und somit ein wesentlicher Teil der Flugbewegungen einzelner Segmente, ignoriert worden.

b.) Hauptsächlicher Reisezweck

Teichert, Shehu & von Wartburg (2008) haben die Marktsegmente samt Differenzen in den Entscheidungskriterien anschaulich dargestellt; zudem entsteht aus dem Theorieteil die Annahme, dass der Reisezweck die Entscheidungskriterien beeinflusst. Die bereits benannte Unterscheidung zwischen Erholungs- und Geschäftsreise wird weiter differenziert: Die Erholungsreise wird differenziert nach Kurzurlaubsreise (Dauer 2 - 4 Tage) und Urlaubsreise (5 Tage und mehr). Diese Unterteilung ergibt sich aus dem Trend der Aufteilung und einhergehenden Verkürzung von Urlaubsreisen, der an der Zahl von 78 Mio. Kurzurlaubsreisen in Deutschland (FUR 2012) ablesbar ist. Dies ist u. a. auf die günstigeren Flugtarife zurückführbar, weshalb das Segment der flugreisenden Kurzurlauber klassisch von den LCCs bedient wird. Eine weitere Motiv- und damit Antwortalternative ist der Besuch von Familie und Freunden, in der Literatur ebenfalls als Hauptmotiv von Reisen genannt (Freyer 2009). Für sonstige Motive, etwa zu Studienzwecken, wird die Option ‚Andere:___' geschaltet. Die Befragten werden gebeten, rückblickend für die letzten zwölf Monate die Option zu wählen, die die Mehrzahl an Flugreisen repräsentiert. Die Kriterienrelevanz sowie die Produktpräferenz werden später mit der Bitte abgefragt, sich dabei auf eine Reise zum angegebenen hauptsächlichen Reisezweck zu beziehen.

c.) Präferierte Buchungsklasse

Die vom Befragten meist gebuchte Buchungsklasse gibt Aufschluss darüber, welche physischen Serviceleistungen und welcher Standard an Service erwartet werden. Die Abfrage erfolgt geschlossen ohne Option ‚Andere', da die Antwortalternativen durch die Klassensystematik (Economy/Premium Economy/Business/First) vorgegeben sind. Lediglich eine Option, die das billigste Angebot als ausdrückliche Präferenz angibt, wird hinzugefügt. Wie bei a.) und b.) gelten die vergangenen zwölf Monate als Referenzrahmen.

B1: Darstellung des Markenimages durch qualitative Bewertung der Airlines

Die Messung von wahrgenommener Markenperformance pro spezifischem Entscheidungskriterium erfolgt laut Quester, Pettigrew & Hawkins (2011, S. 132;

auch Swaminathan 2011) am besten mit Hilfe einer *semantic-differential scale*. Diese bringt den Befragten

> „to rate an item on a number of scales bounded at each end by one of two bipolar adjectives" (Quester, Pettigrew & Hawkins 2011, S. 133).

Die Marken werden auf 13 den Entscheidungskriterien nach Kapitel 2.2.3 entsprechenden Skalen bewertet, etwa auf der Skala billig ↔ teuer zur Modellierung des Kriteriums Preis. Das für den Konsumenten positive Extrem wird durchgängig links mit Codierungswert 1 dargestellt (vgl. S. 52), um die Befragung so intuitiv wie möglich zu belassen.

B2: Bewertung des Involvements im Entscheidungsprozess

Zur Feststellung des Grades des *Involvements* wird mit der Abfrage der Flugfrequenz bereits eine hindeutende Information erhoben. Auf einer bipolaren Skala von 1 = Hoch bis 5 = Niedrig wird der Befragte darüber hinaus gebeten, den in den letzten zwölf Monaten durchschnittlich für eine Kaufentscheidung aufgebrachten Aufwand in Form von Zeit, Geld und Mühe zu bewerten. Dies erlaubt Rückschlüsse über die Wahrscheinlichkeit von habituellen Entscheidungswegen.

B3: Bewertung der Relevanz von Entscheidungskriterien

Um die Relevanz von Entscheidungskriterien zu messen, schlagen Quester, Pettigrew & Hawkins (2011, S. 134) eindeutig die *constant sum scale* vor. Diese verlangt vom Befragten, 100 Punkte auf die Entscheidungskriterien nach der Relevanz für die Entscheidungsfindung zu verteilen. Dies ist bei 13 Kriterien zu umständlich und zeitaufwendig. Swaminathan (2011) bietet drei Alternativen an:

Die *paired comparison*-Methode zum Determinieren des Relevanteren von zwei Kriterien greift nur bei maximal zwei Kriterien und ist nicht anwendbar. Die *rank order*, bei der alle Entscheidungskriterien der Relevanz nach in Reihenfolge gebracht werden, ist analog zur *constant sum scale* zu aufwendig. Bei der *Q-sort* werden die Entscheidungskriterien von den Befragten vorgefertigten Sets zugewiesen; dies erscheint aufgrund der Anzahl der Entscheidungskriterien am nutzerfreundlichsten. Die Unterteilung in Sets erfolgt hierbei analog zur Bewertung der Markenimages in der *semantic-differential scale* mit der Unterteilung:

‚wichtig / eher wichtig / neutral / eher unwichtig / unwichtig'.

So entsteht ein Relevanzgebirge mit Durchschnittswerten, welches einfach interpretiert werden kann.

Mit diesen Vorüberlegungen wird der Fragebogen erstellt, welcher in finaler Form in Anhang IV abgebildet ist. Die Durchführung der Befragung muss so gestaltet werden, dass einerseits quantitativ eine ausreichend hohe Stichprobengröße erreicht wird, andererseits qualitativ die Stichprobe auch repräsentative Anteile aller relevanten Bevölkerungs- und Zielgruppensegmente - insbesondere der Geschäftsreisenden - enthält.

4.2 DURCHFÜHRUNG DER UNTERSUCHUNG

Die Wahl der Teilbefragung als Untersuchungsform ist alternativlos (vgl. Kapitel 4.1.1) und gleichzeitig ergebnisorientiert. Da die Stichprobenergebnisse

> „lediglich als Basis für die Rückschlüsse auf die unbekannten, aber eigentlich interessierenden Parameter" (Quatember 2008, S. 118)

der Grundgesamtheit[10] dienen, muss die Stichprobe sorgfältig gezogen werden, um das Ergebnis der Grundgesamtheit bestmöglich schätzen zu können. Hierzu wird zunächst die Grundgesamtheit eingegrenzt, bevor Überlegungen zur Erreichung einer hohen Repräsentativität der Stichprobe und zur Maximierung des Rücklaufes durchgeführt werden.

4.2.1 GRUNDGESAMTHEIT, STICHPROBENREPRÄSENTATIVITÄT, RESPONSE RATE

Zur Vorbereitung des Untersuchungsablaufes muss festgelegt werden, welche **Grundgesamtheit** der Stichprobenuntersuchung zugrunde liegt. Die Zielgruppe muss definiert werden, um anschließend eine Strategie aufzustellen, wie eine möglichst hohe Repräsentation dieser in der Stichprobe gewährleistet werden kann. Schließlich müssen dem inhaltlichen Teil des Fragebogenmediums noch Informationen zugefügt werden, die den Befragten zur Teilnahme und zur vollständigen Beantwortung motivieren.

Grundgesamtheit/Zielgruppe

Die Grundgesamtheit wird regional auf in Deutschland lebende Personen begrenzt und so angesichts des Hintergrundwissens über die internationale Geschäftätigkeit

---

[10] Definiert als: Die Summe aller Objekte, deren Daten gesammelt werden sollen (Quatember 2008, S. 12)

beider Marken stark eingeschränkt. Dies ist begründet in der vorerst auf den deutschen Quellmarkt begrenzten Kooperation sowie der Herkunft und damit der starken Verankerung im deutschen Quellmarkt beider Marken. Es wird zudem davon ausgegangen, dass die Marke 4U aufgrund ihres vergleichsweise kleinen Streckennetzes im Ausland vielerorts keine signifikanten Assoziationen hervorruft und somit Ergebnisse aus dem Ausland das Ergebnis negativ beeinflussen würden. Die internationale Akzeptanz für die Kooperation, speziell von ausländischen Lufthansakunden, ist keinesfalls zu vernachlässigen und müsste in einem nächsten Schritt der Untersuchung aufgegriffen werden, um das Bild der Konsumentenperspektive zu vervollständigen. Dies würde den Umsteigeverkehr als mögliches Kooperationsfeld stärker einbeziehen und böte so Mehrwert.

Ein spezieller Fokus wird auf hochfrequente Konsumenten von Flugprodukten gelegt, da diese mit größerer Wahrscheinlichkeit vor die Frage der Akzeptanz konträrer Produkte zur Problemlösung im Fluggesellschaftsmarkt gestellt werden. Diese Gruppe beinhaltet explizit eine möglichst realistische Repräsentierung von Kunden beider Marken, von Geschäftsreisenden sowie von Viel- und Gelegenheitsfliegern. Besonders Meinungsführer mit „a greater long-term involvement with a product category" (Quester, Pettigrew & Hawkins 2011, S. 469) sollen repräsentiert sein, da diese wichtige Multiplikatoren von Markenimages darstellen. Bezüglich anderer Faktoren wie sozialer Klasse, Geschlecht, Alter, beruflicher Stellung, Haushaltsstruktur oder Lebensstil wird keine Einschränkung der Zielgruppe vorgenommen.

Idealerweise würde die Umfrage nach dem Prinzip der uneingeschränkten Zufallsstichprobe[11] auf Basis des Urnenmodells gezogen werden: Dieses Prinzip sagt aus, dass die Chance für jedes Individuum der Gesamtheit gleich hoch sein muss, in der Stichprobe vertreten zu sein (Quatember 2008, S. 92 f).

Strategie zur Maximierung der Repräsentativität

Die Umsetzung des Urnenmodells für die oben beschriebene Grundgesamtheit ist unmöglich, da aus Zeit-, Kosten- und Erreichbarkeitsgründen nicht alle Erhebungseinheiten[12] zur Befragung eingeladen werden können. Daher muss konzipiert werden, wie und an welchen Stellen die Befragung öffentlich gemacht

---

[11] Definiert als: Nach dem Urnenmodell gezogene Zufallsstichprobe (Quatember 2008, S. 119)
[12] Definiert als: Potenzielle Teilnehmer der Befragung (Quatember 2008, S. 12)

werden soll, um vor allem die kritischen Segmente der potenziell meinungsführenden Vielflieger zu erreichen.

Das Ziehen einer Stichprobe an ausgewählten, von der Grundgesamtheit frequentierten Stellen ermöglicht die höchstmögliche Effizienz bei der Teilbefragung. Das Posten des Befragungslinks an öffentlichen Stellen sowie das Verschicken desselbigen an nicht selektierte Kontaktlisten gewährleistet dabei am ehesten die Umsetzung des Urnenmodells, auch wenn einzelne Gruppen nicht die Chance zur Teilnahme erhalten (Internet-Nichtnutzer).

Dabei besteht durch persönliche Kontakte des Autors die Gefahr, eine zu einheitliche Stichprobe zu ziehen, die Studenten überrepräsentiert. Andererseits bieten spezialisierte Portale und Foren zwar eine hohe Repräsentierung von Experten an, eine alleinige Befragung selbiger würde jedoch das Feld mit wenig Expertise ausgestatteter Kunden vernachlässigen. Daher werden multiple Stellen genutzt, um den Link zugänglich zu machen, damit verschiedene Segmente erreicht werden können. Die neuen sozialen Medien bieten einfache Möglichkeiten, einen Link an Tausende von Usern zu übermitteln. Die oben genannten Segmente der Vielflieger sind für den Erfolg der Untersuchung essentiell und sollen durch Posten des Links in Vielfliegerforen, Airlineforen, Touristikforen, Urlaubsseiten, thematisch passenden XING- und Facebookgruppen sowie über private Kontakte erreicht werden.

Die bloße Übermittlung des Fragebogens an viele potenzielle Teilnehmer, vor allem unter Berücksichtigung der nicht vorhandenen materiellen Anreize, führt nicht zwingend zu einer hohen *Response Rate*. Agrawal (2011, S. 246) widmet der Steigerung dieser einen eigenen Absatz, aus dem die Strategie für eine höhere Effizienz abgeleitet wird.

Strategie zur Maximierung der Response Rate

Um die Skepsis des potenziellen Teilnehmers zu überkommen und Interesse zu wecken, muss laut Agrawal (2011, S. 246) deutlich ersichtlich sein, wer die Umfrage aus welchem Grund durchführt. Dies wird durch die Implementierung eines Begrüßungstextes samt Informationen zu Autor, Projekt und Kontaktmöglichkeiten umgesetzt. Teil der Begrüßung ist auch die von Agrawal weiterhin verlangte Versicherung, dass Daten nur zum Zwecke der Untersuchung, anonym und vertraulich behandelt werden.

Der Einstieg in den Fragebogen ist nach Gräf (1999) und Agrawal (2011, S. 246) der wichtigste Motivator zur Teilnahme. Geschlossene Fragen mit persönlichem Bezug sorgen laut Gräf für einen leichten Einstieg und motivieren so den Befragten ins Thema einzusteigen. Dies wird umgesetzt, indem die Fragen zum Flugverhalten des Befragten an den Anfang gestellt werden. Weiterhin lag die mittlere Befragungsdauer des Pre-Tests bei etwa acht Minuten, und die Probanden sagten auch aus, dass die Befragung einfach und verständlich aufgebaut ist: laut Agrawal ein wichtiger Motivator, um die Abbruchquote gering zu halten.

Weitere vorgeschlagene Motivatoren wie Vorwarnungen, Reminder-Mails und materielle Anreize konnten aus Zeit- und Geldgründen nicht genutzt werden. Die Befragung startete wie konzipiert in KW 26/2012 mit dem Pre-Test des Fragebogens.

4.2.2 ABLAUFPROTOKOLL

Dieser Pre-Test geschah ohne Berücksichtigung der dabei generierten Befragungsergebnisse für die Endauswertung. Hierbei wurden die von Grimm (2011, S. 228 f) gelisteten Aspekte Verständlichkeit der Fragen, Richtigkeit der Fragenanordnung, Korrektheit der Skalen, Nutzerfreundlichkeit des Fragebogens sowie die unbewusste Nutzung von Suggestivfragen abgefragt. Hierfür wurde der Fragebogen an zehn zufällig ausgewählte Personen geschickt, die Dauer der Beantwortung wurde gemessen und die genannten Verbesserungsvorschläge geprüft und ggf. umgesetzt. Die durchschnittliche Beantwortungsdauer belief sich auf 8,2 Minuten und kann somit als benutzerfreundlich (vgl. Gräf 1999) angesehen werden. Die maximale Dauer eines Internet-Nichtnutzers belief sich auf 12 Minuten, was einen tolerierbaren Maximalerwartungswert der Befragungsdauer darstellt. Der Launch des Fragebogens wie in Anhang IV abgebildet fand am 27.06.2012 um 13:00 Uhr statt, die hauptsächlichen Veröffentlichungsorte waren die folgenden:

- Forum Vielfliegerforum.de, 2.347 Clicks im Befragungszeitraum
- Forum Vielfliegertreff.de, 1.785 Clicks im Befragungszeitraum
- Facebook, sowohl in Gruppen als auch als (mehrfach geteilter) Status
- Xing, in ausgewählten reisebezogenen Gruppen
- Weitere Foren mit deutlichem Reisebezug (u. a. fernwehforum.de, 454 Clicks)
- Foren ohne eindeutigen Reisebezug (u. a. billard-aktuell.de, 317 Clicks)
- Eigene und externe E-Mail-Listen.

Insbesondere das Veröffentlichen der Befragung in den Vielfliegerforen erwies sich als sehr förderlich, um die Quote der Geschäftsreisenden und Vielflieger zu erhöhen. Die aktiven Forenteilnehmer können zudem als Meinungsführer gesehen werden, da sie durch ihre Flugerfahrung und die frequente Teilnahme an Diskussionen in den Foren ihre Meinung vertreten und so multiplizieren.

Nach einer Woche Befragungszeit standen 436 ausgefüllte Fragebögen zur Verfügung, sodass die Befragung planmäßig beendet und die Ergebnisanalyse begonnen werden konnte.

4.3 ERGEBNISSE BEZÜGLICH DER HYPOTHESEN/ARBEITSFRAGEN

Die Quantität der Stichprobe kann bei 436 Antworten als zufriedenstellend angesehen werden, auch die qualitativen Bedenken bezüglich der Repräsentativität wurden zerstreut. Sämtliche kritischen Segmente sind gut, möglicherweise gar zu stark repräsentiert: 65,4 Prozent der Befragten sind in den vergangenen zwölf Monaten sechsmal oder häufiger geflogen, Geschäftsreisende machen 39,4 Prozent der Befragten aus und 15 Prozent der Befragten haben vermehrt Business- oder First-Class gebucht. Einzig die geringe Stichprobengröße innerhalb der einzelnen Segmente ist problematisch; so besteht die Stichprobe der Kunden hoher Serviceklassen bspw. aus absolut 62 Befragten. In demographischer Hinsicht wurden die Bedenken das Alter betreffend bestätigt: Nur ein knappes Prozent der Befragten ist 60 Jahre oder älter. Die anderen Altersgruppen sind gut repräsentiert. Den Beruf betreffend sind lediglich nicht Berufstätige und Rentner wenig vertreten, die restlichen Gruppen hingegen erstaunlich homogen repräsentiert: Angestellte (30,6 Prozent), in Ausbildung Befindliche (25,3 Prozent), Angestellte in Führungsposition (22,3 Prozent) und Selbständige (16,6 Prozent).

Die inhaltlichen Ergebnisse dienen zu Beginn dem Prüfen der Hypothesen sowie der Beantwortung der Arbeitsfrage. Hierbei wird i. d. R. die Gesamtheit der Antworten einbezogen, um einen Überblick über den Gesamtmarkt zu erhalten. Das Überprüfen der Hypothesen liefert Grundlagen, auf die in Kapitel 5 bei der Zusammenführung der theoretischen Erkenntnisse mit den Daten der Primärerhebung aufgebaut wird. Es wird zur Vereinfachung angenommen, dass die Stichprobe volle Repräsentativität besitzt und die Umfrageergebnisse als punktgeschätzte Images der Stichprobe die Realität der Grundgesamtheit gut abbilden, da ansonsten Konfidenzintervalle notwendig würden, die Übersichtlichkeit unmöglich machen.

H1: Germanwings wird von Konsumenten schlechter beurteilt als Lufthansa.

Abbildung 17: Gesamtimages als Durchschnitt der Einzelkriterien (eigene Erhebung, n = 436)

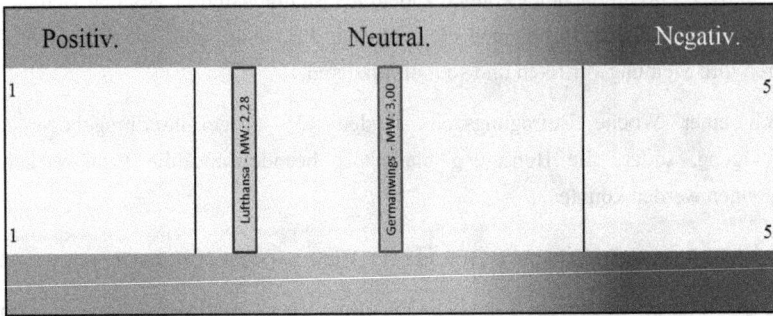

Positiv.	Neutral.	Negativ.

| 1 | | | 5 |
| 1 | Lufthansa - MW: 2,28 | Germanwings - MW: 3,00 | 5 |

Der Bewertungsdurchschnitt der 13 Bewertungskriterien liegt bei LH = 2,38 und 4U = 3,00. Die Wertigkeit der Images steigt bei sinkendem Wert, 1,00 ist der bestmögliche Wert. Die 4U wird somit 0,72 Punkte schlechter beurteilt als die LH. Zum statistischen Testen der Hypothese wird die Übereinstimmung der beiden Markenimages als Nullhypothese gesetzt und über den Mittelwert nach Quatember (2008, S. 146 f) getestet. Hierbei wird um den Imagewert der 4U das Intervall der schwachen Indizien gegen die Nullhypothese bestimmt. In diesem Intervall darf sich das Image der LH bewegen, um bei gegebenem Stichprobenumfang n = 436 und 95-prozentiger Sicherheit (Signifikanzniveau α = 0,05) die Nullhypothese zu bestätigen.

Abbildung 18: Zweiseitiger Test von H1 als Intervalltest aller Kriterien (eigene Erhebung, n = 436)

H1	Image 4U	Untere Grenze	Obere Grenze	Image LH	Ergebnis: Die 4U ist…
Preis	2,30	2,23	2,37	3,93	signifikant besser.
Preis/Leistung	2,53	2,44	2,62	2,80	signifikant besser.
Inkl. Leistungen	3,91	3,82	4,00	2,25	signifikant schlechter.
Prestige	4,11	4,03	4,19	3,23	signifikant schlechter.
Buchbarkeit	2,65	2,55	2,75	1,20	signifikant schlechter.
Streckennetz	3,48	3,40	3,56	1,72	signifikant schlechter.
FFP	3,50	3,40	3,60	2,39	signifikant schlechter.
Pünktlichkeit	2,56	2,50	2,62	2,18	signifikant schlechter.
Sicherheit	1,70	1,63	1,77	1,29	signifikant schlechter.
Vertrauen	2,40	2,31	2,49	1,81	signifikant schlechter.
Bodenprodukt	3,49	3,40	3,58	2,03	signifikant schlechter.
Bordprodukt	3,38	3,30	3,46	2,65	signifikant schlechter.
Servicequalität	2,97	2,89	3,05	2,16	signifikant schlechter.

Bewegt es sich außerhalb der Grenzen, wird die Einshypothese (Image 4U ungleich Image LH) akzeptiert. Sollte in dem Fall gelten, dass Image LH < Untergrenze des Intervalls, ist das Image der 4U als signifikant schlechter zu bewerten.

Die Nullhypothese wird aufgrund der Stichprobe verworfen, da das Image der LH auf allen 13 Kriterien signifikant abweicht. Der Test ergibt für elf der 13 Kriterien eine signifikante Inferiorität des 4U-Images gegenüber dem der LH. Statistisch ist somit bewiesen, dass die 4U von Konsumentenseite schlechter beurteilt wird als die LH, Hypothese 1 wird bestätigt.

H2: Die Verwicklung in die Entscheidung differiert in verschiedenen Marktsegmenten.

Abbildung 19: Prüfung von H2 als Intervalltest nach Kundensegmenten (eigene Erhebung)

H2, Involvement der:	gültige Stimmen (Anteil an n)	MW	Untere Grenze: 3,31 Obere Grenze: 3,53
Gesamtstichprobe.	436 (100%)	3,42	Ergebnis: Die Verwicklung...
Vielflieger.	281 (64.5%)	3,37	liegt im Intervall.
Gelegenheitsflieger.	120 (27.5%)	3,54	ist signifikant geringer.
Economy-Class.	242 (55.5%)	3,38	liegt im Intervall.
Business-Class.	48 (11.0%)	3,69	ist signifikant geringer.
First Class.	13 (3.0%)	2,85	ist signifikant höher.
Geschäftsreisende.	168 (38.5%)	3,60	ist signifikant geringer.
Urlaubsreisende.	88 (20.2%)	3,19	ist signifikant höher.
Kurzurlauber.	84 (19.3%)	3,29	ist signifikant höher.
VFR-Reisende.	49 (11.2%)	3,47	liegt im Intervall.
Präferenz LCC.	297 (68.1%)	3,33	liegt im Intervall.
Präferenz NetzFG.	106 (24.3%)	3,65	ist signifikant geringer.

Der Durchschnitt des Aufwandes liegt über die Gesamtstichprobe bei 3,42, mit 1 = hoher Aufwand und 5 = niedriger Aufwand. Als Nullhypothese wird die Übereinstimmung des MW der Gesamtstichprobe mit den MW von Teilsegmenten gesetzt. Um den Wert der Gesamtstichprobe wird das Intervall gebildet, indem sich die Segmentsmittelwerte bewegen dürfen, um statistisch bei Signifikanzniveau $\alpha = 0,05$ und gegebener Stichprobengröße von $n = 436$ die Nullhypothese zu bestätigen. Dieses liegt bei [3,31; 3,53]. Die Segmente werden wie folgt definiert: Vielflieger (angegebene Flugfrequenz $\geq$ sechsmal/Jahr), Gelegenheitsflieger (angegebene Flugfrequenz im Intervall [1;6] pro Jahr), Serviceklassen nach angegebener Präferenz, hauptsächlicher Reisezweck wie angegeben, Produktpräferenz wie angegeben. Zwar stimmen die Werte einzelner Segmente mit der Gesamtstichprobe überein, jedoch liegt u. a. das starke Segment der Geschäftsreisenden signifikant außerhalb. Auffällig ist der Trend zu stärkerer Abweichung bei kleiner werdenden Segmenten. Die Annahme, dass Geschäftsreisende bzw. Business-Class-Kunden dazu tendieren, weniger in ihre Entscheidung verwickelt zu sein, bestätigt sich ebenso wie die Annahme, dass Urlaubsreisende generell mehr Aufwand betreiben. Generell kann die Hypothese verifiziert werden. Der Gesamteindruck vermittelt jedoch geringes *Involvement*, kein Segment liegt deutlich im hohen Bereich.

H3: Bei fehlender Produktkenntnis wird der Preis als Ersatzindikator verwendet.

Der Hypothese nach müsste bei fehlender Produkt-, aber existenter Markenkenntnis („Ja, ich habe von der Marke gehört') aufgrund der genutzten Codierung ein Korrelationskoeffizient zwischen dem Kriterium Preis und den anderen Kriterien entstehen, der geringer ist als jener, der mit Produktkenntnis entsteht. Dieser Rechnung liegt die Annahme zugrunde, dass ein hoher Preis als Botschafter hoher Qualität angesehen wird. Demnach müssten bei einem steigenden Wert für die Wahrnehmung des Preises (teurer werdend, auf der Skala gen fünf tendierend[13]) alle anderen Faktoren besser wahrgenommen werden (positiver werdend, auf der Skala gen 1 tendierend), falls die Hypothese stimmt. Die Hypothese wird somit dann bestätigt, wenn der Korrelationskoeffizient Preis/andere Kriterien bei fehlender Produkterfahrung signifikant kleiner ist als bei existenter Produkterfahrung. Die zu prüfende Nullhypothese wird als Korrelationskoeffizient mit Produkterfahrung = Korrelationskoeffizient ohne Produkterfahrung gesetzt.

---

[13] Die Codierung der *semantic-differential scales* in der Auswertung erfolgt nach folgendem Schema: Das jeweils für den Kunden positive Extrem (z. B. billig, sicher) wurde mit dem Wert 1 codiert, das für den Kunden negative Extrem (teuer, unsicher) mit dem Wert 5.

Abbildung 20: Korrelation Image Preis/Image der Bewertungskriterien (eigene Erhebung)

Korrelation von Preis mit: →	Preis/Leistung	Inkl. Leistungen	Prestige	Buchbarkeit	Streckennetz	FFP	Pünktlichkeit	Sicherheit	Vertrauen	Bodenprodukt	Bordprodukt	Service	Schnitt
Image LH mit Produkterfahrung (n=399)	0,308	0,109	0,132	-0,044	0,129	0,047	0,121	-0,027	0,162	0,172	0,206	0,173	0,124
Image LH ohne Produkterfahrung (37)	0,243	-0,260	0,368	-0,083	0,084	-0,062	-0,058	-0,190	0,051	0,061	-0,032	-0,003	0,010
Image 4U mit Produkterfahrung (270)	0,463	0,146	0,102	0,110	0,196	0,132	0,043	0,036	0,183	0,289	0,165	0,097	0,164
Image4U ohne Produkterfahrung (156)	0,274	-0,292	-0,041	0,018	-0,041	-0,053	0,027	0,169	0,072	-0,173	-0,182	-0,052	-0,020

Mit Ausnahme zweier Preiskorrelationen (Prestige bei der LH, Sicherheit bei der 4U) sinkt der Koeffizient bei beiden Marken und allen Kriterien. Über die Berechnung der in Abb. 20 rechts dargestellten Mittelwerte sowie der Varianz der zwölf Korrelationskoeffizienten wird die Hypothese einseitig geprüft. Diese ergibt bei 95-prozentiger Sicherheit und zwölf einzelnen Koeffizienten (n = 12) eine Untergrenze der schwachen Indizien gegen die Nullhypothese von 0,07 für die LH respektive 0,10 für die 4U. Beide durchschnittlichen Korrelationskoeffizienten ohne Produkterfahrung sind signifikant kleiner (LH: 0,01 < 0,07; 4U: -0,02 < 0,10), die Hypothese wird bestätigt.

H4: Attribute des Lufthansa-Markenimages werden bei Kenntnis der Konzernzugehörigkeit auf das Image der Germanwings übertragen.

Aufgrund der durch H1 nachgewiesenen Superiorität des LH-Images gegenüber dem 4U-Image bedeutet die Hypothese die Annahme einer Verbesserung des 4U-Images bei Kenntnis über die Zugehörigkeit zum Lufthansakonzern. Die Nullhypothese ist somit ‚4U-Image mit Kenntnis der Zugehörigkeit = 4U-Image ohne Kenntnis der Zugehörigkeit‘. Da die Zugehörigkeit zum Lufthansakonzern der Mehrheit der Befragten (85,8 Prozent) bewusst ist, wird das Intervall zum Hypothesentest um das 4U-Image bei existenter Kenntnis gebildet und geprüft, ob die Ausprägung bei nicht existenter Kenntnis signifikant nach oben (gen 5 tendierend, in der Wahrnehmung schlechter werdend) abweicht. Der Hypothesentest findet bei 95-prozentiger Sicherheit statt, die Varianzen sowie Stichprobengrößen beziehen sich zur Berechnung des Intervalls auf die gültigen Fälle ohne ungültige oder nicht erbrachte Antworten. Für ‚Kenntnis Ja‘ bedeutet dies Stichprobengrößen von max. n = 362, für ‚Kenntnis Nein‘ max. n = 62. In Einzelfällen wurden ungültige Fälle gestrichen.

Abbildung 21: Einfluss der Kenntnis über Konzernzugehörigkeit auf Images (eigene Erhebung)

H4	Image 4U Kenntnis Ja. n = 374	Untere Grenze	Obere Grenze	Image 4U Kenntnis Nein. n = 62	Ergebnis: Das Image ist ohne Kenntnis...
Preis	2,32	2,24	2,40	2,21	signifikant besser.
Preis/Leistung	2,53	2,43	2,63	2,53	gleich.
Inkl. Leistungen	3,94	3,84	4,04	3,73	signifikant besser.
Prestige	4,11	4,02	4,20	4,05	besser.
Buchbarkeit	2,66	2,54	2,78	2,63	besser.
Streckennetz	3,52	3,43	3,61	3,22	signifikant besser.
FFP	3,50	3,39	3,61	3,46	besser.
Pünktlichkeit	2,52	2,45	2,59	2,82	signifikant schlechter.
Sicherheit	1,61	1,53	1,69	2,32	signifikant schlechter.
Vertrauen	2,36	2,26	2,46	2,68	signifikant schlechter.
Bodenprodukt	3,53	3,43	3,63	3,20	signifikant besser.
Bordprodukt	3,38	3,29	3,47	3,35	besser.
Servicequalität	2,96	2,87	3,05	3,00	schlechter.

Die Images unterscheiden sich bei der geringen Fallzahl von Befragten ohne Kenntnis über die Zugehörigkeit in zehn Kriterien signifikant – dies jedoch in beide Richtungen, sodass von keinem geregelten Einfluss der Kenntnis über die Konzernzugehörigkeit an sich auf das Markenimage der 4U ausgegangen werden kann. Die Hypothese ist bezüglich der Annahme einer gleichsinnigen Korrelation falsch.

AF1: Worauf achtet der deutsche Konsument bei der Fluggesellschaftswahl besonders?

Das Gebirge der absoluten Kriterienrelevanz wird zunächst für die gesamte Stichprobe mit n = 436 dargestellt. Zur Darstellung werden die Antwortmöglichkeiten wie folgt codiert: Wichtig (1), Eher wichtig (2), Neutral (3), Eher unwichtig (4), Unwichtig (5). Dies ermöglicht die Bildung eines Mittelwertes und somit Vergleichbarkeit, wenngleich die Kriterien stark unterschiedliche Varianzen aufweisen. Auf diese Anomalien wird im Folgekapitel durch die Segmentierung anhand der Kriterienrelevanz eingegangen (vgl. Kapitel 5.5).

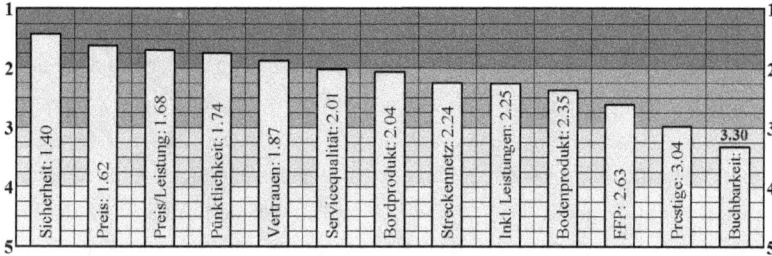

Kriterien mit MW ≤ 2 werden durchschnittlich mindestens als ‚eher wichtig'
angesehen. Dies trifft zu für die Kriterien Preis, Preis/Leistung, Pünktlichkeit,
Sicherheit und Vertrauen. Für Kriterien mit MW in der Stichprobe > 2 muss geprüft
werden, ob die Abweichung zum Wert 2 (‚eher wichtig') signifikant ist. Bei nicht
signifikanter Abweichung kann das Kriterium als ‚eher wichtig' angesehen werden.
Für alle Kriterien mit MW > 2 wird folgend die Obergrenze (da bei gen
5 tendierendem MW die Relevanz für den Konsumenten sinkt) des Intervalls
schwacher Indizien gegen die Nullhypothese ‚Kriterien-MW = 2' bestimmt.

Abbildung 23: Signifikanztest zur Wichtigkeit der Kriterien (eigene Erhebung, n = 436)

Der Test ergibt, dass das Bordprodukt und die Servicequalität
als ‚eher wichtig' angesehen
werden können. Die restlichen
Kriterien weichen signifikant
nach oben (gen unwichtig) ab

	Inkl. Leistungen	Prestige	Buchbarkeit	Streckennetz	FFP	Bodenprodukt	Bordprodukt	Servicequalität
Obergrenze	2,10	2,11	2,12	2,12	2,14	2,12	2,09	2,09
MW Stichprobe	2,25	3,04	3,30	2,24	2,63	2,35	2,04	2,01

und können daher nicht gesichert als mindestens ‚eher wichtig' angesehen werden.
Somit sind folgende Kriterien über die gesamte Stichprobe in absteigender Relevanz
für den Konsumenten statistisch geprüft zumindest eher wichtig: Sicherheit, Preis,
Preis/Leistung, Pünktlichkeit, Vertrauen in die Leistungsfähigkeit, Servicequalität
und das Bordprodukt.

Fazit

Die Bestätigung von drei Thesen ist wenig überraschend, die Widerlegung der These bzgl. des positiven Effektes der Konzernzugehörigkeit auf das Markenimage auf den ersten Blick hingegen schon. Die bloße Konzernzugehörigkeit reicht offenbar nicht aus, um einen Transfer von Markenwert in Gang zu setzen. Dem Konsumenten ist bewusst, dass die 4U autonom geführt wird und das Produkt somit von der LH distanziert bleibt. Es muss daher analysiert werden, welche Einflussfaktoren auf das Markenimage und auf die Attitüde der Konsumenten der Kooperation gegenüber einwirken.

5. EINFLÜSSE AUF DAS KOOPERATIONSPOTENZIAL

Hierfür werden die Ergebnisse der Befragung unter Berücksichtigung der Erkenntnisse des theoretischen Teils analysiert. Die durch das geringe *Involvement* der Befragten aufkommende Frage nach Anzahl und Art der relevanten Kriterien ist inklusive einer tiefergehenden Analyse des *Image Fit* zunächst Gegenstand der Untersuchung. Im Anschluss wird der Einflussfaktor Produkterfahrung in seiner Wirkung auf die Imagebildung untersucht. Die Übereinstimmung der Produktkategorien beleuchtet abweichende und damit notwendigerweise anzupassende Produktattribute, bevor die Betrachtung des Faktors Produktpräferenz erfolgt, aufgeteilt auf fünf nach Kriterienrelevanz gebildete Segmente. Die wechselseitige Validität der Kooperationsmarken als Problemlöser wird aus Sicht der LH- bzw. 4U-Kunden getestet, um die Wechselwahrscheinlichkeit zwischen den Marken zu bewerten. Dies führt zu einer Bewertung der Wechselkosten in beide Richtungen, womit das Kapitel schließt.

5.1 IMAGE FIT UNTER BERÜCKSICHTIGUNG DER KRITERIENRELEVANZ

Aus dem Testen von H1 ergibt sich ein geringer *Image Fit*, wenn alle Kriterien mit in die Bewertung einbezogen werden. Die Einbeziehung aller Kriterien findet aber realistisch lediglich bei sehr hohem *Involvement* in die Entscheidung statt, was aufgrund der vorliegenden Daten über Flugfrequenz und betriebenen Aufwand unrealistisch ist. Der Theorie folgend wird nur ein Kriterienausschnitt genutzt, um die Entscheidung zu treffen, wobei keine Formel zur Feststellung der Anzahl tatsächlich genutzter Kriterien existiert. Betrachtet man den Teil der Befragten isoliert, der den eigenen Aufwand mit ‚4 = eher niedrig' eingeschätzt hat (n = 116; 26,6 Prozent der Befragten), wird über alle 13 Kriterien verteilt 507-mal die Einschätzung ‚1 = wichtig' abgegeben. Dies entspricht 4,37 wichtigen Kriterien pro Befragtem. Die gleiche Berechnung für all diejenigen, die den Aufwand mit ‚3 = neutral' angaben (n = 100; 22,9 Prozent), ergibt 4,86 wichtige Kriterien. Somit scheinen für die Gesamtstichprobe bei durchschnittlichem Entscheidungsaufwand von 3,42 die wichtigsten vier bis fünf Kriterien einen Einfluss auf die Entscheidung zu haben, in Abbildung 24 inklusive der Rangordnung dargestellt.

Auf diesen relevantesten Kriterien zeigt sich bei Betrachtung der Durchschnitts-bewertung keine signifikante Abweichung, bei den Einzelkriterien hingegen schon. Alle Abweichungen pro Einzelkriterium sind signifikant, der *Fit* somit gering.

Image Fit n = 436	Sicherheit	Preis	Preis/Leistung	Pünktlichkeit	Vertrauen	O TOP 5
Relevanzrang	1	2	3	4	5	./.
Image LH gesamt	1,29	3,93	2,80	2,18	1,81	2,40
Image 4U gesamt	1,70	2,30	2,53	2,56	2,40	2,30

Insbesondere die Tatsache, dass die verbindende Entscheidungsregel pro Kriterium einen Mindeststandard festlegt, der bei Nichterfüllung zum Ausschluss der Alternative aus dem *Evoked Set* führt, spricht für diese Einschätzung. Der Durchschnitt zeigt über die Gesamtstichprobe eine bessere Bewertung der 4U, was sich mit den Daten über die Produktpräferenz deckt: Etwa drei Viertel der Befragten gaben an, für einen Mittelstreckenflug die Option Billigflieger zu wählen. Dies lässt sich zurückführen auf die guten Werte der 4U bei Preis und Preis/Leistung und impliziert eine hohe Repräsentanz preissensibler Konsumenten in der Stichprobe. Das Kriterium Sicherheit wird zwar sowohl von der Gesamtstichprobe als auch von allen Einzelsegmenten als das relevanteste eingestuft, der Wert der 4U scheint mit 1,70 jedoch gut genug zu sein, um valide Alternative zu bleiben. Gleiches gilt für alle in Abb. 24 zu sehenden Kriterien: Die 4U ist nicht auf allen Kriterien die bessere Alternative, erfüllt aber überall offenbar den Standard von drei Vierteln der Befragten. Die Annahme, dass eine Airline ‚nur' gut genug und nicht die beste sein muss, scheint sich zu bewahrheiten. Eine genaue Darstellung der vermuteten Zusammensetzung der *Evoked Sets* erfolgt in Kapitel 5.5.

Auffällig ist, dass die Images auch auf dem Kriterium der Sicherheit signifikant abweichen. Flugsicherheit ist in Deutschland und für den europäischen Luftraum stark reglementiert, es kann praktisch keine Diskrepanz in den tatsächlichen Performances dieses Kriterium betreffend geben. Dies ist ein klarer Hinweis darauf, dass das Image der 4U nicht alleinig auf Grundlage einer rationalen Bewertung, sondern mindestens in Teilen auf Basis anderer Einflussfaktoren zustande kommt.

5.2 Einflussfaktor Produkterfahrung

Es fällt auf, dass neben Preis und Pünktlichkeit drei Kriterien eine hohe Relevanz aufweisen, die nicht anhand direkter Leistungsdaten bewertet werden können. Das Vertrauen in zufriedenstellende Leistungserbringung einer Airline ist ebenso wie die letztlich wahrgenommene Leistung ein stark subjektiv geprägter Parameter, der bei nicht vorhandener Produkterfahrung über Ersatzindikatoren bewertet wird (vgl. H3). Existente Produkterfahrungen machen die Nutzung dieser verallgemeinernden Schätzungen obsolet, das Vorhandensein von Produkterfahrung stellt somit einen wesentlichen, nach der Theorie des *Reinforcement* (Kapitel 2.2.2) gar den wesentlichsten Einflussfaktor auf das Markenimage dar.

Es sollte daher einen Unterschied zwischen Images mit Produkterfahrung (,Habe die Marke genutzt', genannt Image A) und ohne Produkterfahrung (,Habe von der Marke gehört', genannt Image B) geben. Bei gegebener Codierung des positiven Extremes (1) und des negativen Extremes (5) der Skala hat die Produkterfahrung einen positiven Einfluss in Form einer Imageverbesserung, wenn die Differenz aus Image B und Image A positiv ist.

Abbildung 25: Einfluss der Produkterfahrung auf die Markenimages (eigene Erhebung)

Einfluss der Produkterfahrung; Kriterien geordnet nach ihrer Relevanz	Sicherheit	Preis	Preis/Leistung	Pünktlichkeit	Vertrauen	Servicequalität	Bordprodukt	Streckennetz	inkl. Leistungen	Bodenprodukt	FFP	Prestige	Buchbarkeit	Ø Gesamt
LH gehört (n = 37)	1,66	4,14	2,68	2,60	1,89	2,31	2,34	2,08	2,24	2,30	3,00	3,53	1,56	2,49
LH genutzt (396)	1,26	3,91	2,81	2,14	1,80	2,15	2,67	1,69	2,25	2,01	2,33	3,20	1,16	2,26
Differenz	0,40	0,23	-0,13	0,46	0,09	0,16	-0,33	0,39	-0,01	0,29	0,67	0,33	0,40	0,23
4U gehört (151)	1,94	2,15	2,66	2,73	2,55	3,02	3,36	3,55	3,82	3,36	3,54	4,12	2,82	3,05
4U genutzt (268)	1,58	2,39	2,45	2,47	2,32	2,94	3,38	3,45	3,96	3,56	3,47	4,10	2,57	2,97
Differenz	0,36	-0,24	0,21	0,26	0,23	0,08	-0,02	0,10	-0,14	-0,20	0,07	0,02	0,25	0,08

Für beide Marken zeigen sich positive durch die Markennutzung entstehende Effekte. Wie in Abb. 25 dargestellt bessern sich die Images beider Marken nach dem Nutzen der Marke. Die Lufthansa scheint die hohen an sie gestellten Ansprüche erfüllen zu können, lediglich das Bordprodukt entspricht nicht den Erwartungen und wird mit Produkterfahrung deutlich schlechter bewertet. Interessant ist vor allem die deutliche Verbesserung der 4U auf vier der fünf für die Gesamtstichprobe relevantesten Kriterien, wohingegen sie sich bei der Preiswahrnehmung verschlechtert – die 4U ist teurer als gedacht. Das Produkt scheint die Erwartungen zu übertreffen, was zeigt, dass durch Produktnutzung der negative Einfluss der Ersatzindikatoren verringert wird. Dies zeigt sich stark in der deutlichen Verbesserung des Sicherheitsempfindens, was mit Produkterfahrung realistischer bewertet wird. Die Theorie der selbsterfüllenden Erwartungen (vgl. Kap. 2.2.2) trifft demnach für die 4U nicht zu, da dies eine Bestätigung oder eine Verschlechterung des Images mit sich bringen würde.

Die Erkenntnis, dass beide Marken mit Produkterfahrung besser bewertet werden, zeigt eine Unsicherheit die Produktqualität betreffend. Dies gilt offenbar bereits für das derzeitige Produkt. Die bisherigen Kooperationsstufen haben das Produkt der 4U auf den beinhalteten Attributen objektiv deutlich verbessert; es ist dabei zu vermuten, dass die Mehrzahl die neuen Produkte noch nicht genutzt hat. Die Frage nach der möglichen Kundenwahrnehmung der bisherigen Kooperationsstufen schließt sich daher logisch an.

5.3 WAHRNEHMUNG DER KOOPERATION

Die Theorie der Übertragung von Markenwert durch bloße Konzernzugehörigkeit wurde für vorliegendes Fallbeispiel durch das Testen von H4 widerlegt. Insofern ergibt es Sinn, dass die Konsumenteneinschätzung analog zur objektiven Beurteilung des Geschäftsmodells verläuft und die 4U im Schnitt deutlich schlechter eingeschätzt wird als die LH – sie wird weiterhin als LCC wahrgenommen und erleidet dementsprechend die anhängenden negativen Imageeffekte (vgl. Kapitel 2.2.2/2.3.1). Grund ist die autonome Führung der Marke 4U, deren Produkte nicht mit der Qualität der LH assoziiert werden und somit nicht vom Markenwert der LH profitieren.

Durch die Kooperation wird das Produkt der 4U verbessert. Die bisherige Kooperation betrifft direkt die Bewertungskriterien FFP, Buchbarkeit, Streckennetz und Preis. Hierbei fand bzgl. FFP und Buchbarkeit eine Annäherung der 4U-Performance an den Standard der LH statt, das Streckennetz wuchs für die 4U um die von der LH übernommenen Strecken und die gesteigerte Kombinierbarkeit mit der LH kreierte mehr Möglichkeiten für den Kunden. In entgegengesetzter Richtung wurde das Preisniveau der LH im Berliner Modell an das der 4U angenähert. Die Kooperation betrifft somit direkt etwa ein Drittel der Bewertungskriterien. Unter Berücksichtigung der Ergebnisse aus 4.3 und 5.3.2 erscheint dieser Weg richtig, da er am Produkt ansetzt und nicht bei stagnierender Produktqualität den Weg der Markenintegration sucht. So wird das Produktmarkenimage der 4U auch in Zukunft aufgewertet und zukünftig dürfte sich die Imageverbesserung durch Produktnutzung sogar verstärken. Die Produktattribute scheinen jedoch die falschen zu sein: Im netzfliegeraffinen Segment (n = 110) wird den bisherigen das 4U-Produkt verbessernden Kooperationsfeldern FFP, Streckennetz und Buchbarkeit kein Rank unter den Top 5 der relevantesten Kriterien zugewiesen. Das Kernprodukt aus Boden- und Bordprodukt samt Service, Sicherheit und Pünktlichkeit nimmt hier die Top 5 ein: Die 4U wird auf diesen Kriterien im Schnitt mit 3,13 bewertet, eine Produktanpassung würde hier mehr Sinn machen, zumal momentan die Produkterfahrung für diese Attribute negative Effekte aufweist.

Ein möglicher Erfolg der Kooperation in Form einer Imageanpassung durch die Konsumenten kann jedoch durch einmalige, statische Abfrage der Markenimages nicht abgebildet werden. Dies bedürfte weiterer Untersuchungen in zeitlichen Abständen. Für den Status quo kann unter Zuhilfenahme einer objektiven Produktanalyse und der Markenimages lediglich geprüft werden, wie weit die Produkte der LH und der 4U pro Kriterium tatsächlich auseinander liegen, um den *Category Fit* nach Salinas & Pina Pérez (2009) zu abstrahieren.

5.4 CATEGORY FIT

Der *Category Fit* misst die Ähnlichkeit zwischen den Produktkategorien zweier Kooperationsmarken. Es werden Merkmale bewertet, die sich im Produkt wieder-finden lassen. Dies schließt subjektive Kriterien wie das Preis-Leistungs-Verhältnis, das Prestige oder das Vertrauen aus. Angewendet auf die zu untersuchende Kooperation stellt sich also die Frage, ob die LH in das LCC-Geschäftsfeld der 4U passt und vice versa.

Die Bandbreite der von 4U vertriebenen Produkte ist gering und beschränkt sich auf qualitativ mittelklassige Beförderungsleistungen am unteren Rand des Preisspektrums. Mit dem Angebot der 49-€-Tickets ex Berlin begibt die LH sich auf eine Preisebene mit der 4U, über das gesamte Portfolio betrachtet ist der *Fit* auf dem Kriterium des Preises jedoch gering. Das Streckennetz der 4U ist regional beschränkt und mit dem der LH nicht vergleichbar, was für vorliegende Kooperation jedoch nicht relevant ist, da diese sich einzig um den Europaverkehr dreht; die lokale Ausrichtung der 4U gereicht ihr demzufolge nicht zum Nachteil. Bei der Sicherheit halten beide Marken laut JACDEC (2012) den höchsten Standard ein. Mit der maximalen Serviceleistung auf direkter Produktnutzungsebene, dem Flex-Tarif

(4U 2012), konkurriert die 4U mit dem höchsten Economy-Tarif der LH, dem Economy-Flex-Tarif. Sowohl 4U-Flex als auch LH-Economy-Flex beinhalten Handgepäck, ein Gepäckstück, Sitzplatzwahl, Catering, Umbuchungsmöglichkeit, Meilengutschrift und komfortable Sitze. Während bei der 4U keine weiteren Serviceleistungen zubuchbar sind, beginnt bei der LH über der Economy-Flex die Business Class. Diese beinhaltet u. a. Zugang zu Lounges am Flughafen, bevorzugten Check-In, die Garantie eines nicht vergebenen Nachbarplatzes sowie qualitativ höherwertige Servicedienstleistungen an Bord. Von 4U ebenso unerreicht bleiben die von der LH angebotenen Dienstleistungen für Statusmitglieder des *Miles and More* – FFPs, denen der Business Class ähnliche Angebote seitens der LH offen stehen. Das Image der LH wird somit auch von qualitativ nicht mit der 4U vergleichbaren Produkten beeinflusst.

Ein *Fit* ist somit nur auf den niedrigen Buchungsklassen der LH gegeben, nicht jedoch die Klassen oberhalb der Economy oder die Statusvorteile des FFPs betreffend. Unter diesem Umstand besonders relevant ist der sehr geringe *Fit* auf den Kriterien Bodenprodukt, Bordprodukt, Service, inklusive Leistungen, Preis, Pünktlichkeit und FFP. Diese Einschätzung wird bestätigt durch die hohe Divergenz der beiden Marken in der unter 4.3 (H1) bereits aufgeführten Konsumentenbewertung.

Aufgrund des geringen *Category Fit* ist es unwahrscheinlich, dass beide Marken simultan konsumentenspezifische Problemlöser sein können. Dies wäre genau dann der Fall, wenn beide Marken im *Evoked Set* eines Konsumenten vertreten sind. Es erscheint daher notwendig, die Produktpräferenz der Befragten in diese Untersuchung mit einzubeziehen.

5.5 EVOKED SETS NACH MARKTSEGMENTEN

Die durch H1 auf Basis der Gesamtstichprobe bewiesene Inferiorität des 4U-Markenimages gegenüber dem der LH führte in der Stichprobe nicht zu einer Präferenz der LH aufgrund ihres besseren Images. Die Mehrheit der Befragten würde für einen Mittelstreckenflug eher bei der 4U buchen, was den Beweis für die Notwendigkeit einer Betrachtung erbringt, die nach der Wichtigkeit einzelner Kriterien segmentiert.

Das gesamte Konsumentenverhalten, und somit auch die Aufnahme einer Marke in das *Evoked Set*, unterliegt einer Konsumenten- und Situationsspezifik (Quester, Pettigrew & Hawkins 2011, S. 35) und muss daher idealtypisch pro Individuum, realistisch zumindest pro Segment betrachtet werden. Die Einteilung der Segmente wird entlang der von Teichert, Shehu & von Wartburg (2008, vgl. Kap. 2.2.3) bestimmten Segmentierung vorgenommen. Die Determinante der Segmentzugehörigkeit ist das charakteristische Set der wichtigsten Kriterien. Diese Sets werden für die Einteilung der Segmente übernommen, sie werden folgend ‚Segmentierungskriterien' genannt. Teichert, Shehu & von Wartburgs Studie (2008) bediente sich für die Segmentierung einer Gruppe von Reisenden auf innereuropäischer Kurzstrecke, die Teilnehmer am FFP einer traditionellen Airline waren. Sie bildet somit den europäischen Kurzstreckenmarkt ab und bietet einen validen Segmentierungsansatz. Dieser wird berücksichtigt, indem aus der Gesamtstichprobe die Befragten separiert werden, die den Segmentierungskriterien des jeweiligen Segmentes die notwendige Relevanz zugewiesen haben - fallspezifisch ‚eher wichtig' oder ‚wichtig'.

Da Marken nicht aufgrund ihres Gesamtimages diskriminiert werden (vgl. Kap. 2.2.2), werden die Markenimages auf eine Betrachtung der relevantesten Kriterien reduziert; die Anzahl der genutzten Kriterien korreliert gleichsinnig mit dem *Involvement* (Quester, Pettigrew & Hawkins 2011, S. 20). Somit kann bei dem für alle Segmente gegebenen *Low Involvement* (denn Ø > 3; Codierung neutral = 3, gering = 5) davon ausgegangen werden, dass nur Teile der Kriterien Einfluss auf die Entscheidung haben. Es existiert aufgrund der Individualeinflüsse keine Formel zur konkreten Berechnung der Kriterienanzahl oder der zur Aktivierung eines Kriteriums notwendigen zugewiesenen Relevanz, die Literatur offeriert lediglich nicht quantifizierbare Hinweise auf oben genannte Korrelation. Genutzt wird jeweils zusätzlich zu den segmentspezifischen Segmentierungskriterien der Teil der Kriterien, der vom zu untersuchenden Segment mit durchschnittlich ≤ 1,50 in der Relevanz als am nächsten an der Ausprägung ‚wichtig (1)' befindlich bewertet wurde. Ebenso werden diejenigen Kriterien, die eine höhere Relevanz als eines der Segmentierungskriterien aufweisen, miteinbezogen. Die Abweichung zur in Punkt 5.1 gewählten Auswahl der betrachteten Kriterien erklärt sich durch die größere Dichte der Kriterienrelevanzen, die innerhalb der Segmente nur geringe Differenzen aufweisen, weshalb die Festlegung auf eine fixe Anzahl von Kriterien sehr wichtige

Faktoren ausblenden würde. Dieses Vorgehen führt dazu, dass einzelne Befragte keinem, andere dafür mehreren Segmenten zugeordnet werden können. Dies ist für die Ergebnisse nicht hinderlich, da die Segmente qualitativ auf das Meinungsbild ihrer Repräsentanten untersucht werden und keine eingehende die Quantität der Segmente aufgreifende Analyse stattfindet.

Die Zugehörigkeit der Marken zum *Evoked Set* der Konsumenten des jeweiligen Gegenstückes wird in Abhängigkeit von der Produktpräferenz geprüft. Der Teil der Gesamtstichprobe, der Billigflieger als Präferenz angegeben hat, wird für dieses Unterkapitel vereinfachend als ‚4U-Kunden' bezeichnet. Aus Sicht der 4U-Kunden wird die Zugehörigkeit der LH zum eigenen *Evoked Set* segmentspezifisch unter Einbeziehung ausschließlich der im Segment relevanten Kriterien untersucht. Analog werden Teilsegmente mit der Präferenz von Netzfluggesellschaften als ‚LH-Kunden' bezeichnet, aus deren Sichtweise die 4U analog analysiert wird. Dies geschieht unter der Annahme, dass 4U im *Evoked Set* der LCC-Sympathisanten und LH im *Evoked Set* der Netzfluggesellschafts-Sympathisanten vertreten ist. Es gibt in der Literatur keine Definition darüber, wie viele Alternativen ein gewöhnliches *Evoked Set* aufweist oder wie genau die Zugehörigkeit zum *Evoked Set* gemessen werden kann. Das Image der zur jeweilig präferierten Kategorie gehörigen Marke setzt jedoch eine Benchmark für die zur Aufnahme ins *Evoked Set* zu erbringende Leistung. Die Anwendung der verbindenden Entscheidungsregel als Selektionsinstrument des *Evoked Set* ist nach Suzuki (2007) für die Airlinewahl bewiesen. Demnach muss die Kooperationsmarke auf jedem relevanten Kriterium ein mit der gesetzten Benchmark mindestens vergleichbares Image besitzen, um ins *Evoked Set* aufgenommen zu werden. Aufgrund der Positionen im deutschen Markt wird angenommen, dass beide Marken für die jeweilige Produktkategorie das obere Ende der Qualitätsskala darstellen. Die 4U muss somit das Image der LH nicht überbieten, sondern zur Aufnahme in das *Evoked Set* der Nutzer traditioneller Fluggesellschaften in die Nähe der LH kommen. Analog dazu bestünde die Möglichkeit für die LH, die 4U leicht zu unterbieten und trotzdem noch die Mindestanforderungen von Billigfliegern zu erfüllen.

Segment 1: Effizienzsucher, n = 95

Die Segmentierungskriterien sind Pünktlichkeit, Streckennetz und Flexibilität, wobei letzteres im Rahmen dieser Untersuchung einzig durch die Buchbarkeit abgedeckt werden kann. 95 Befragte (21,79 Prozent) bewerten alle drei Kriterien als ‚eher wichtig‘ oder ‚wichtig‘ und bilden das Segment der Effizienzsucher. Neben den drei Segmentierungskriterien weist zudem das Kriterium Sicherheit bei der Relevanz einen Wert < 1,50 auf und muss einbezogen werden.

Die Produktpräferenz teilt sich im Segment etwa gleichmäßig auf, im Vergleich zur Stichprobe sind die Netzfluggesellschaften deutlich beliebter.

Abbildung 26: Benchmarks Evoked Sets – Effizienzsucher (eigene Erhebung)

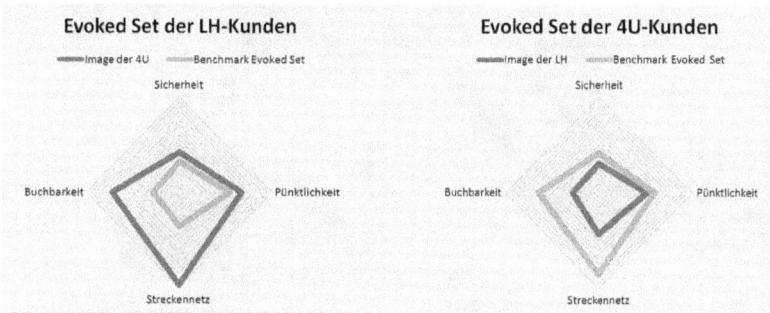

Die 4U-Kunden des Segmentes (n = 52) bewerten die LH in allen relevanten Kriterien deutlich besser als die 4U, welche als Billigfliegermarke der Produktpräferenz entspricht und somit die Benchmark für die Aufnahme in das *Evoked Set* setzt. In der grafischen Darstellung liegt der Nullpunkt mittig, mit steigender Entfernung zum Nullpunkt wird die Bewertung schlechter. Es kann davon ausgegangen werden, dass die LH bei Anwendung der verbindenden Entscheidungsregel ins *Evoked Set* der 4U-Kunden des Segmentes aufgenommen wird. Das Image der 4U aus Sicht der LH-Kunden des Segmentes (n = 43) ist auf allen relevanten Kriterien schlechter als die durch das Image der LH von der gleichen Gruppe gesetzte Benchmark. Die 4U ist im *Evoked Set* der LH-Kunden des Segmentes nicht vertreten.

Segment 2: Komfortsucher, n = 57

Die Segmentierungskriterien sind FFP, Catering und Flexibilität. Der Faktor Catering wird durch die Kriterien Bord- und Bodenprodukt repräsentiert, Flexibilität wiederum durch die Buchbarkeit. Da die Servicequalität zudem erheblich in das Komfortgefühl abstrahlt, wird sie als fünftes Segmentierungskriterium mit aufgenommen. 57 Befragte (13,10 Prozent) bewerten all diese Kriterien als eher wichtig oder wichtig und bilden das Segment der Komfortsucher. Mit Sicherheit, Streckennetz, Pünktlichkeit und Vertrauen sind vier Kriterien für das Segment relevanter als das Segmentierungskriterium Buchbarkeit, weshalb diese auch einbezogen werden. Netzfluggesellschaften sind in diesem Segment beliebter: 61,4 Prozent würden sie eher buchen als Billigflieger, was im Gegensatz zur Gesamtstichprobe steht.

Abbildung 27: Benchmarks Evoked Sets – Komfortsucher (eigene Erhebung)

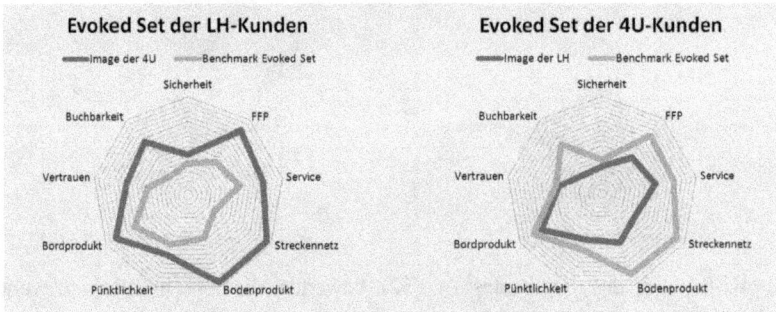

Das Image der LH aus Sicht der 4U-Kunden des Segmentes (n = 35) ist auf allen Kriterien signifikant besser als die durch das Image der 4U von der gleichen Gruppe gesetzte Benchmark, Kunden der 4U würden somit die LH als valide Alternative sehen und im *Evoked Set* führen. Die Gruppe der LH-Kunden des Segmentes (n = 22) bewertet die 4U in allen neun Kriterien signifikant schlechter als die LH. Die 4U verfehlt somit die Benchmark für das *Evoked Set* deutlich. LH-Kunden dieses Segments würden demnach die 4U nicht im *Evoked Set* halten.

Segment 3: Sparer, n = 236

Obwohl Teichert, Shehu & von Wartburg diesem Segment neben dem Preis auch eine hohe Relevanz des effizienzverbundenen Kriteriums Pünktlichkeit zuweisen, wird für diese Untersuchung exklusiv nach Preissensibilität segmentiert. Das Segment umfasst nur den Teil der Befragten, dem der Preis ‚wichtig (1)' ist, was 236 Befragte (54,13 Prozent) ausmacht. Einzig das Kriterium Sicherheit weist zusätzlich zum Preis ausreichend hohe Relevanz aus, um als relevant zu gelten. Billigfluggesellschaften sind im Segment der Sparer mit 86,9 Prozent der Präferenzbekundungen deutlich beliebter.

Abbildung 28: Benchmarks Evoked Sets – Sparer (eigene Erhebung)

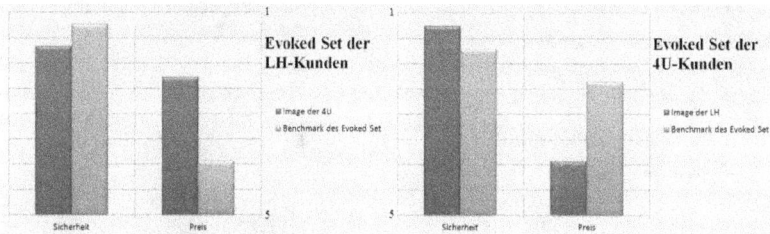

Auf den relevanten Kriterien setzen die LH-Kunden des Segmentes (n = 31) die Benchmark für valide Alternativen in Form des Images der LH bei Preis = 3,94 bzw. Sicherheit = 1,23. Preislich ist die 4U valide Alternative, die Anforderung an die Sicherheit erfüllt ihr Image jedoch nicht, das 4U-Image ist signifikant schlechter. Trotzdem ist davon auszugehen, dass die 4U valide Alternative ist, da sie auch bei der Gesamtstichprobe deutlich unsicherer eingeschätzt wurde – 75 Prozent würden dennoch eher mit einem Billigflieger fliegen. Die 4U-Kunden des Segmentes (n = 205) setzen die Benchmark bei Preis = 2,26 und Sicherheit = 1,72. Die LH wird nicht als valide Alternative gesehen, obwohl sie mit 1,36 sicherer eingeschätzt wird. Der Preis verbietet die Aufnahme der LH ins *Evoked Set* der 4U-Kunden, da die LH mit 3,94 als deutlich zu teuer bewertet wird.

Segment 4: Qualitätssuchende Preisbewusste, n = 189

Das wichtigste Kriterium für dieses Segment ist ein gutes Verhältnis von Preis und erbrachter Leistung, in den 13 Bewertungskriterien direkt durch das Kriterium Preis/Leistung repräsentiert. Als besonders wichtiges Kriterium wird die Pünktlichkeit auf Leistungsseite hervorgehoben. Das Segment wird somit gebildet aus dem Teil der Befragten, denen das Verhältnis von Preis und Leistung wichtig (1) und die Pünktlichkeit wichtig (1) oder eher wichtig (2) ist. Die Kriterien Sicherheit und Preis werden im Mittel ebenfalls relevanter als 1,50 eingeschätzt und daher in die Betrachtung mit einbezogen. Das Segment macht mit 189 der Befragten 43,4 Prozent der Gesamtstichprobe aus. Die Verteilung bezüglich der Produktpräferenz ist analog der Gesamtstichprobe etwa drei Viertel Billigflieger zu einem Viertel Netzfluggesellschaftskunden.

Abbildung 29: Benchmarks Evoked Sets – Qualitätsbewusste Preisbewusste (eigene Erhebung)

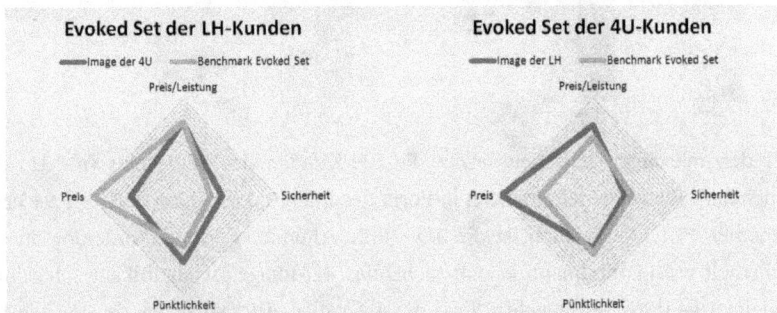

Die LH-Kunden des Segmentes (n = 49) setzen die Benchmark für das eigene *Evoked Set* in den Kriterien Sicherheit und Pünktlichkeit eng und beim Preis sehr locker. Die 4U kann so auf den Kriterien Preis und Preis/Leistung die Anforderung erfüllen und weicht zudem auf den anderen Kriterien nur erheblich weniger deutlich ab. Davon ausgehend, dass die LH das obere Extrem der Qualität darstellt, ist es durchaus möglich, dass die 4U im *Evoked Set* der LH-Kunden vertreten ist. Die 4U-Kunden des Segmentes (n = 140) bewerten die LH einzig auf dem Kriterium Preis mit extremer negativer Abweichung, auf den anderen Kriterien ist die Abweichung bei Preis/Leistung mit 0,51 am höchsten. Dies macht in Kombination die Akzeptanz der LH als valide Alternative zweifelhaft.

Segment 5: Ausbalancierte, n = 54

Das Segment ist charakterisiert durch eine hohe Homogenität der Kriterienrelevanzen im oberen Bereich. Teichert, Shehu & von Wartburg (2008, S. 235) beschreiben es als das Segment, welches alle Kriterien zugleich sucht, mit besonderem Fokus auf Streckennetz und Flexibilität. Da der Flexibilität nicht direkt Rechnung getragen werden kann, wird erneut die Buchbarkeit als alleiniger Repräsentant der Flexibilität genutzt. Segmentierungskriterium ist eine Bewertung der Kriterien Streckennetz und Buchbarkeit als ‚eher wichtig (2)' oder ‚wichtig (1)' sowie eine Bewertung aller anderen Kriterien als mindestens ‚neutral (3)'. Das Segment umfasst 54 Befragte (12,39 Prozent), von denen eine knappe Mehrheit traditionelle Fluggesellschaften präferiert. Da die Ausgeglichenheit aller Kriterien besonders nachgefragt wird, werden alle Kriterien mit in die Betrachtung einbezogen.

Abbildung 30: Benchmarks Evoked Sets – Ausbalancierte (eigene Erhebung)

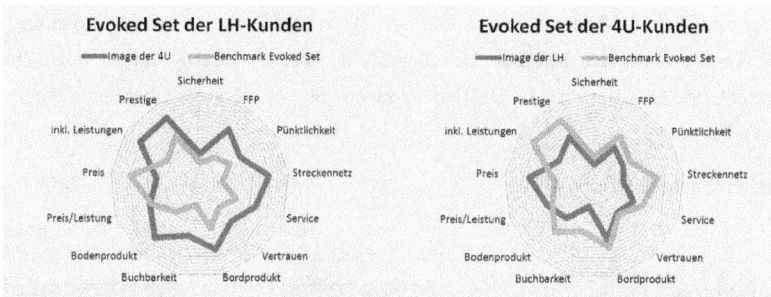

Es ergibt sich das gleiche Bild wie bei den meisten relevanten Kriterien in den Segmenten zuvor: Die LH wird von den 4U-Kunden des Segmentes (n = 25) als von der Produktqualität her allumfassend valide Alternative gesehen, einzig der Preis liegt weit von der Benchmark entfernt. Ein von den vorherigen Segmenten bereits bekanntes Bild bietet sich für das Image der 4U bei den LH-Kunden des Segmentes (n = 29), wo das Produkt von der Qualität her als inferior angesehen wird, einzig der Preis wird deutlich besser eingeschätzt. Die LH ist somit aufgrund des Relevanzrankings des Preises im Segment (10 von 13) wahrscheinlicher eine valide Alternative für 4U-Kunden als die 4U für LH-Kunden des Segmentes.

Es wird deutlich, dass für die LH die Wahrscheinlichkeit der Aufnahme ins *Evoked Set* der 4U-Kunden in drei Segmenten hoch ist. Die beiden Hauptbetätigungsfelder der 4U, die preissensiblen Segmente, scheinen jedoch zumindest mit dem

89

momentanen Preisimage unerreichbar. Dieses bildet auch zusammen mit dem anhängenden Preis-Leistungs-Verhältnis die Kooperationsbarriere seitens der LH. Die 4U ist für die LH-Kunden einzig im preissensiblen Segment 3 eine mögliche Alternative zur LH. Unter der Annahme, dass die Marke nicht aufgrund von Sicherheitsbedenken diskriminiert wird, kann zusätzlich im Segment 4 Potenzial konstatiert werden. Die anderen drei Segmente scheinen für die 4U nach derzeitigem Stand unerreichbar. Hauptsächliche behindernde Faktoren sind Pünktlichkeit, Buchbarkeit und das gesamte physische Produkt inkl. Boden- und Bordprodukt sowie Servicequalität. Ein Wechsel von der LH zur 4U erscheint den Kunden demnach als Downgrade, was sich anhand der theoretischen Wechselkosten nachvollziehen lässt.

5.6 WECHSELKOSTEN

Die Wechselkosten aus Qualitätsverlust, Aufgabe des FFPs, Prestigeverlust und aufzugebendem Habitus (Carlsson & Löfgren 2006) werden abschließend für die beiden möglichen Markenwechsel von der 4U zur LH und, deutlich relevanter, für den Wechsel von der LH zur 4U dargestellt. Das als ‚LH-Kunden' bezeichnete Segment umfasst hierbei 110 Befragte, das analog ‚4U-Kunden' benannte Segment 326 Befragte.

Markenwechsel LH → 4U

Abbildung 31: Images nach Produktpräferenz
(eigene Erhebung, n [LH-Kunden] = 110, n [4U-Kunden] = 326)

Der Faktor des Prestigeverlustes hat den geringsten Einfluss auf die Wechselkosten: Die dem Prestige zugewiesene Relevanz ist mit 2,41 gering und die LH als vom Image her prestigeträchtigere der beiden Airlines wird von den eigenen Kunden nicht besser als neutral bewertet. Deutlich relevanter ist der Faktor des FFPs, da auf diesem Gebiet tatsächlich eine deutliche Minderleistung der 4U besteht und das Image so auch vom Produkt

Image der	LH		4U	
aus Sicht von	LH-Kunden	4U-Kunden	4U-Kunden	LH-Kunden
Preis	3,96	3,92	2,30	2,31
Preis/Leistung	2,89	2,77	2,38	2,94
inkl. Leistungen	2,37	2,21	3,87	4,04
Prestige	3,00	3,30	4,08	4,18
Buchbarkeit	1,12	1,22	2,57	2,90
Streckennetz	1,59	1,76	3,35	3,87
FFP	2,04	2,51	3,39	3,80
Pünktlichkeit	2,12	2,20	2,50	2,75
Sicherheit	1,22	1,31	1,68	1,79
Vertrauen	1,81	1,81	2,27	2,80
Bodenprodukt	1,93	2,07	3,33	3,96
Bordprodukt	2,73	2,62	3,25	3,73
Service	2,18	2,15	2,81	3,42
Ø	2,23	2,30	2,91	3,27

gerechtfertigt ist. Während die LH-Kunden das *Miles and More* – Programm mit den von der LH zur Verfügung gestellten Möglichkeiten deutlich positiver bewerten als die 4U-Kunden, strafen sie die 4U aufgrund der fehlenden Möglichkeiten ebenso deutlich ab. Ein Unterschied von 1,76 Punkten und erhebliche Wechselkosten sind die Folge. Gleiches gilt für den generellen Qualitätsverlust, der sich bei dieser Kooperation vor allem im Produkt zeigt. Bei den drei Kriterien Service, Boden- sowie Bordprodukt liegen die Images aus Sicht der LH-Kunden zum Nachteil der 4U 1,42 Punkte auseinander. Weitere auffällig diskrepante Kriterien sind die inklusiven Leistungen, Buchbarkeit und Streckennetz, wobei letzteres für die Kooperation auf Einzelstrecken nicht relevant erscheint. Möglicher Habitus muss demnach mindestens das unmittelbare Produkt betreffend aufgegeben werden, etwa bei genutzten Buchungskanälen und Check-In-Prozeduren. Der Habitus hängt vom *Involvement* ab, repräsentiert durch Flugfrequenz und Aufwand bei der Entscheidungsempfindung. LH-Kunden haben ein *Low Involvement* mit Wert 3,65, zudem sind 85,1 Prozent der LH-Kunden auf ein Jahr bezogen sechsmal oder häufiger geflogen: Auch den Habitus betreffend sind Wechselkosten substantiell. Insbesondere Konsumenten der bei der 4U nicht existierenden Serviceklassen müssen sich mit einer neuen Tarifstruktur auseinandersetzen. Dies gilt ebenso für Economy-Class-Kunden der LH, da die Buchungsprozesse der beiden Marken erheblich abweichen.

Somit sind für drei der vier Faktoren nach Carlsson & Löfgren (2006) erhebliche Wechselkosten in einen Markenwechsel zur 4U involviert, was gegen die Akzeptanz einer erzwungenen Kooperation spricht. Trotzdem haben 59,1 Prozent der LH-Sympathisanten bereits die 4U genutzt, Innovationsaffinität scheint somit gegeben – immer in der Annahme, dass diese Reisen auch von ihnen selbst und nicht extern gebucht/bezahlt waren.

Markenwechsel 4U → LH

Der Faktor des Prestigeverlustes ist nicht relevant, da die Gruppe der 4U-Kunden das Prestige der 4U als geringer einschätzt als das der LH. Hier entstehen ebenso keine Kosten wie bei der Qualität des Produktes, die für die LH auf allen Kriterien besser eingeschätzt wird. Die produktbezogenen Kosten belaufen sich auf den absoluten finanziellen Mehraufwand, der durch den Markenwechsel entsteht. Die von der 4U im Rahmen des *Miles and More* – Programmes angebotenen Leistungen gibt es bei der LH auch, zusätzliche Angebote steigern die Attraktivität der LH auf diesem

Kriterium. *Miles and More* – Teilnehmer haben somit in dieser Hinsicht keine Wechselkosten, einzig Mitglieder des Boomerang Clubs werden das FFP wechseln müssen, woraus Kosten entstehen. Kosten im Zusammenhang mit Habitualität sind gegeben, jedoch deutlich geringer als für die bisherigen LH-Kunden. Die im Vergleich zur LH geringe Vielfliegerquote von 58,6 Prozent und das höhere, wenngleich immer noch eher niedrige *Involvement* mit einem Wert von 3,33 zeugen von existierender Habitualität auch im Segment der 4U-Kunden – die Kosten sind die gleichen wie für LH-Kunden. Von den 4U-Sympathisanten haben – sicherlich auch aufgrund des *Double Jeopardy Effect* - bereits etwa 90 Prozent die LH genutzt, auch hier ist nicht von einer Barriere durch Innovationsvermeidung auszugehen.

6. FAZIT

Mit dem Zukauf der 4U als flankierende Marke für das preissensible Marktsegment hat die LH versucht, ein aufstrebendes Geschäftsfeld zu erreichen, ohne dabei die Stammmarke LH zu nutzen. Die negativen Ergebnisse der 4U in Kombination mit den Schwierigkeiten der LH, den eigenen Europaverkehr profitabel zu gestalten, rücken eine mögliche Kooperation der beiden Marken in den Fokus der Markenpolitik. Was aus strategischer Sicht Sinn macht, muss aus der eingenommenen Konsumentenperspektive skeptischer betrachtet werden, da diese deutliche Hinweise auf Barrieren für eine hohe Konsumentenakzeptanz liefert.

6.1 BEWERTUNG DER KOOPERATIONSPOTENZIALE

Die damalige Entscheidung, mit der 4U eine flankierende Marke zu übernehmen und die Stammmarke LH nicht zu dehnen, fußte ganz offenbar auf dem Glauben, dass die angesprochenen Marktsegmente in ihren Ansprüchen stark differieren. Diese Annahme ist korrekt, was sich in der Segmentbetrachtung der *Evoked Sets* zeigt. Nach jetzigem Stand ist es keiner der beiden Marken möglich, alle Segmente anzusprechen und somit die bisher von beiden Marken kumulativ erreichten Segmente abzudecken. Das Konsumentenwissen beider Marken ist geprägt von hoher Markenbekanntheit, wobei mit der 4U Preisgünstigkeit und der LH hohe Qualität assoziiert werden. Dies ist im Sinne des *Positioning* und des *Targeting* für die aktuell verfolgten Geschäftsmodelle sinnvoll, behindert jedoch die Ansprache zusätzlicher Segmente. So muss konstatiert werden, dass die LH im preissensiblen Segment keine valide Alternative darstellt und die 4U in effizienz- und/oder komfortsuchenden Bereichen nicht in den *Evoked Sets* vertreten ist. Die Schnittmengen der Marken in den bis dato angesprochenen Segmenten sind gering, einzig das Segment 4 weist die Chance auf, beide Kundengruppen für beide Marken zu begeistern.

Der *Image Fit* der beiden Marken ist zu gering, und dies erscheint aus Konsumentensicht auch gerechtfertigt zu sein, da auch der *Category Fit* zwischen den beiden Marken nicht hoch ist. Insbesondere die Serviceklassendifferenzierung im Boden- und Bordprodukt seitens der LH kann von der 4U nicht geleistet werden. Es steht zu vermuten, dass durch diese Differenzierung und die damit verbundene Existenz weit überdurchschnittlicher Servicedienstleistungen im obersten Preissegment das Image der LH verbessert wird. Um das Kooperationspotenzial zu erhöhen, muss das Produkt der 4U um eine Serviceklasse erweitert werden, die dem

Anspruch der LH-Business-Class nahe kommt. Dies müsste eine Differenzierung im Check-In-Prozess und die Garantie des freien Nachbarplatzes an Bord ebenso beinhalten wie die maximalen bei der 4U derzeit möglichen Serviceleistungen an Bord. Eine Produktanpassungsstrategie, die über den bisherigen Grad der Kooperation hinausgeht, würde zur Steigerung des Kooperationspotenziales beitragen. Diese muss nicht ausschließlich Qualität aufbauen, sondern kann zugunsten von Kosteneinsparungen inklusive resultierender Reinvestitionspotenziale auch im Streckennetz Qualität abbauen: Das Streckennetz der 4U ist nicht klar positioniert und wird zudem von den Kunden nicht als herausstechende Qualität wahrgenommen, gar durchschnittlich schlechter als neutral bewertet. Über eine Rückkehr zum reinen Point-to-Point-Betrieb muss zumindest nachgedacht werden. Diese Anpassungen können jedoch nur dann erfolgreich sein, wenn die Kunden über die Produktneuerungen Kenntnis haben und diese auch objektiv bewerten. Eine objektive Bewertung der 4U scheint auf Basis der Untersuchungen aufgrund eines generellen Imagenachteils, *Low Involvement* in großen Teilen des Marktes und irrationaler Einflüsse auf das Konsumentenverhalten abwegig.

Der Imagenachteil erwächst aus der Kategorisierung als LCC-Marke. Die Konsumenten übertragen den schlechten Eindruck, den sie von einzelnen Produktattributen haben, auf die Gesamtperformance der Marke; Fokalität muss seitens der Konsumenten konstatiert werden. Dieser Imagenachteil lässt sich anhand des Kriteriums Sicherheit nachvollziehen, der bei der 4U trotz strengster Reglementierung deutlich schlechter bewertet wird als bei der LH. Zudem ist das Image der 4U unter den Sympathisanten von Netzfluggesellschaften negativer als in der Gesamtstichprobe, was mit vorhergesagtem Bedauern einer Entscheidung pro 4U erklärbar ist.

Die Kooperationen im Rahmen der Star Alliance sind allen LH-Kunden bekannt und werden akzeptiert, was als Hinweis auf grundlegend gegebene Akzeptanz für Kooperationen gewertet werden kann. Der Unterschied zur möglichen Markenkooperation mit der 4U sind die Mindestanforderungen zur Aufnahme unter den Schirm der Allianzmarke, die für den Konsumenten eine qualitative Absicherung darstellt. Diese Absicherung könnte dem Konsumenten markenpolitisch gegeben werden, wenn die 4U-Produkte zukünftig mit der Marke LH verknüpft werden: entweder als LH-Produkt, im Rahmen einer Co-Branding-Strategie oder unter neuer Marke mit LH-Bezug. Ersteres würde die Marke LH extrem dehnen und verwässern,

Co-Branding käme dem jetzigen Stand gleich, da die Konzernzugehörigkeit bekannt ist und effektlos hingenommen wird. Eine neue Marke würde eine Neupositionierung notwendig machen, könnte jedoch durch effektiv kommunizierte Zusammenführung der Marken LH und 4U vom Markenwert der LH profitieren.

Diese Möglichkeit, vom Markenwert der LH zu profitieren, wird momentan nicht genutzt. Das Image der LH ist stark ausgeprägt und über die Segmente homogen, dazu wünschenswerter Natur und somit für Markenerweiterungen geeignet. Die bloße Kenntnis über die Konzernzugehörigkeit reicht für die Kapitalisierung des Markenwertes der LH in der 4U nicht aus. Dies beweist die fehlende Korrelation zwischen Kenntnis über die Konzernzugehörigkeit und einer Steigerung des Markenimages der 4U. Die Kooperation nach den Dortmunder und Stuttgarter Modellen geht insofern in die richtige Richtung, als dass diese eine direkte Verbindung zwischen den Produkten der beiden Marken bilden. Es wird hierbei jedoch verpasst, kooperationsförderliche Synergiepotenziale insbesondere für die Premiumsegmente des Marktes zu nutzen, welche durch die Existenz der LH-Infrastruktur (Lounges, Check-In) möglich wären. Die Auflage eines *Codeshares* zwischen LH und 4U würde den Statusmitgliedern des *Miles and More* – Programmes die Bodenabfertigung und Umbuchungsmöglichkeiten nach LH-Standard garantieren, da diese an die Flugnummer gebunden sind.

Das Problem der 4U ist also, dass sie auf einigen Produktattributen objektiv zu schlecht ist und daher insgesamt zu schlecht bewertet wird, um im habituell geprägten Markt der Fluggesellschaften im *Evoked Set* des durchschnittlichen LH-Kunden zu sein. Das geringe *Involvement* bei der Airlinewahl lässt den Schluss zu, dass der Airlinemarkt ein Repertoiremarkt ist. Dies bestätigt das Zwei-Schritte-Modell zur Airlinewahl nach Suzuki mit der verbindenden Entscheidungsregel, um in das *Evoked Set* zu kommen. Das *Low Involvement* lässt es unwahrscheinlich erscheinen, dass in einem Markt mit starkem Wettbewerb nicht im *Evoked Set* repräsentierte Marken ausgiebig auf Validität als Problemlöser untersucht werden. Dabei ist die 4U im Grunde besser als ihr Image, dieses ist aber nicht einfach zu ändern. Ein möglicher Weg zu einem Imagegewinn ist der, den Konsumenten Produkterfahrung mit der 4U zu vermitteln, da dies einen positiven Einfluss auf die Bewertung der 4U hat. Bekommt man den skeptisch eingestellten LH-Kunden dazu, sich eine fundierte Meinung auf Basis von Produkterfahrung zu bilden, suggeriert die Untersuchung des Datensatzes eine Steigerung des Images der 4U und damit eine

Erhöhung der Kundenakzeptanz für die Kooperation. Der von Ehrenberg beschriebene *Double Jeopardy Effect* kann also trotz eines Qualitätsdefizites auch für die Konstellation um die dadurch benachteiligte 4U und die kundenstärkere LH beobachtet werden. Zudem zeigen sich die LH-Sympathisanten weniger innovationsaffin als die Sympathisanten der Billigfluggesellschaften, bei denen die Quote von gleichzeitigen Nutzern der LH deutlich höher ist.

Das schlechte Image der 4U führt somit dazu, dass sie - mit Ausnahme des rein preissensiblen Segmentes – in den *Evoked Sets* der LH-Konsumenten nicht vertreten ist. Die LH hingegen wird von den 4U-Kunden qualitativ als Problemlöser gesehen, der Preis ist die einzige Barriere. Mit dieser Erkenntnis ist klar, dass habituelle Entscheider beim Wegfall der LH als Alternative nicht konzernintern wechseln, sondern wie theoretisch dargelegt zur ähnlichsten Alternative aus dem Repertoire.

Dies geschieht aus der Motivation heraus, die Wechselkosten so gering wie möglich zu halten. FFP-verbundene Wechselkosten existieren für Markenwechsel in beide Richtungen und dies trotzdessen, dass die 4U in das *Miles and More*-Programm eingebunden ist, da für sie nicht das volle Angebot der LH geleistet wird. Die vollständige Integration in das *Miles and More*-Programm könnte die Wechselkosten somit senken. Der Faktor Prestigeverlust spielt aufgrund der geringen Relevanz des Kriteriums eine untergeordnete Rolle, sodass Qualitätsverlust und aufzugebender Habitus weitere Treiber der Wechselkosten darstellen – beides lässt sich mit einem Wechsel zur ähnlichsten Alternative minimieren. Das geringerwertige Image der 4U verhindert also anzunehmenderweise den in Stuttgart beabsichtigten Kundentransfer von der LH zur 4U. Ein Verbleib bei der LH ist ebenfalls unwahrscheinlich, da laut Suzuki ein festes Repertoire an Flughäfen genutzt wird und dieses nicht aufgrund des Markenangebotes der Airlines wechselt.

Die Potenziale für eine erfolgreiche Kooperation zwischen den beiden Marken erscheinen auf Basis der Untersuchung für den deutschen Markt gering, da die Akzeptanz einer Kooperation momentan lediglich von Seiten der 4U-Kundschaft ausgeht, der bei einer preislichen Anpassung der LH bei gleichbleibender Qualität ebenso wie bei einer Qualitätsanhebung der 4U ein klarer Vorteil entstünde. Es bedarf erheblicher Investitionen, um die Marke 4U für die Kunden der LH attraktiv zu machen, da das jetzige Image in Verbindung mit habituellen Verhaltensweisen eine Einordnung der 4U ins *Evoked Set* verhindert, möglicherweise gar eine

Einordnung ins *Inept Set* verursacht. Der Erfolg einer Dehnung der Marke LH in das Billigsegment nach dem Berliner Modell hingegen scheint nach dem jetzigen Kenntnisstand über das Kooperationsvorhaben dann möglich, wenn die Angebotsqualität der LH trotz sinkender Preise gleich bleibt. Der Wechsel zu nicht selbst angelerntem Leiharbeitspersonal ohne Markenidentifikation scheint hierbei ein limitierender Faktor zu sein. Dies muss sich jedoch erst im Praxistest bestätigen.

Zur Veranschaulichung der Ergebnisse werden abschließend die drei Kooperationsmodelle in ihren hauptsächlichen Einflussfaktoren samt möglicher förderlicher Stimuli dargestellt, um eine Aussage über die Potenziale der drei Modelle zu treffen.

Stuttgarter Modell

Das 4U-Produkt ist auch unter Einbeziehung der bisherigen Kooperationsstufen faktisch nicht ausreichend angepasst, um einen hohen *Category Fit* zu erreichen. Insbesondere Attribute des Kernproduktes (Service, Bord- und Bodenprodukt) sowie die Pünktlichkeit und das FFP verhindern die Akzeptanz der 4U als Substitut für die LH. Die Wechselkosten diktieren einen Wechsel zu einer qualitativ ähnlichen Alternative, sie ergeben sich zusätzlich zum Qualitätsverlust durch die Aufgabe des Habitus, insbesondere FFP und Bodenprodukt betreffend. Hier bedürfte es eines *Codeshare* mit der LH, um bei vorhandener Infrastruktur der LH (aufgrund ihres Angebotes anderer Strecken) zumindest am Boden den Standard der LH halten zu können. Da der europäische Direktverkehr betroffen ist, ist eine Kombination mit LH-Langstreckenprodukten ex Hub nicht möglich und positive Co-Branding-Effekte können nicht generiert werden. Dem generellen Imagenachteil der 4U kann zumindest in Teilen durch das Forcieren von Produkterfahrung mit der 4U entgegengewirkt werden: *Sampling* in Form von Freiflugtickets wäre eine denkbare Möglichkeit, erforderlich wohl für die betroffenen Vielflieger. Aufgrund der Größe der Diskrepanz in den Images erscheint der zu erzielende Effekt jedoch nicht ausreichend, um alle LH-Kunden für die 4U zu gewinnen.

Berliner Modell

Die Kunden der 4U stehen der LH als Marke wohlgesonnen gegenüber, auch wenn diese aufgrund des Preises momentan nicht als valide Alternative erscheint. Das Angebot von 49 € one way hingegen ist ein Angebot, welches nicht extrem von den Preisen der 4U abweicht: Die Akzeptanz der 4U-Kunden erscheint wahrscheinlich.

Angesprochen werden so die beiden großen Segmente der Sparer und besonders der qualitätssuchenden Preisbewussten, die in der Stichprobe größten Segmente. Für die bisherigen LH-Kunden ändert sich – unter der Annahme gleichbleibender Produktqualität - nichts, sie gewinnen einige billige Direktstrecken dazu, der Rest bleibt konstant. Die preissensiblen Segmente werden die LH akzeptieren, ob die qualitätssuchenden Segmente innerhalb des LH-Kundenstamms die Kooperation begrüßen, ist zweifelhaft: Laut der TripAdvisor-Studie (Schratzenstaller & Jung 2012; auch Bricker 2005) ist der Co-Konsum ausschlaggebender Störfaktor an Bord. Die generierte Nachfrage von Kurzurlaubern und Wochenendtouristen könnte so über den Weg des Co-Konsums das LH-Erlebnis schmälern. Generell erscheint dieser Weg jedoch am erfolgversprechendsten.

Dortmunder Modell

Das Dortmunder Modell setzt auf die Langstrecke der LH als Zugpferd, welches den komfort- und effizienzsuchenden Konsumenten Qualitätseinbußen auf dem Kurzstreckenzubringer in Kauf nehmen lässt. Das Bordprodukt wird in der Tat nicht als sehr relevant gesehen, hier scheint der Gedanke durchaus erfolgversprechend. Das Problem der 4U ist die Schwäche das Bodenprodukt und den Service betreffend. Davon ausgehend, dass die Koffer durchgecheckt werden, erfolgt der gesamte Check-In-Vorgang in Dortmund am 4U-Schalter, zumindest wenn die Kooperation ohne *Codeshare* abläuft. Das gesamte Flughafenerlebnis würde auf 4U-Standard und damit für LH-Kunden unakzeptabel ablaufen. Das große Plus der Kooperation wird die Anbindung an die Langstreckenflüge der LH sein, bei denen die Wechselkosten deutlich höher wären als bei einem Wechsel des innereuropäischen Zubringerfluges zur 4U. Die 4U würde so in das Streckennetz der LH eingebunden, somit kann die Stärke der LH auf der Langstrecke genutzt werden, um die Schwäche der 4U auszugleichen. Sollte die 4U ihr Bodenprodukt anpassen, fallen die Wechselkosten zudem nicht sonderlich ins Gewicht. Mit dem Launch der *Best Seats* hat 4U zudem einen Schritt in Richtung Premiumklasse gemacht, den sie jedoch weiterverfolgen und ausbauen muss.

6.2 LIMITATIONEN, KRITIK UND WEITERGEHENDE FORSCHUNGEN

Das Forschungsvorhaben an sich war nicht darauf ausgelegt, eine ganzheitliche Sichtweise einzunehmen. Die Aussagekraft der Ergebnisse ist aufgrund der reinen (Privat-)Konsumentenperspektive und der alleinigen Betrachtung des deutschen Quellmarktes auf eine hinweisende Funktion begrenzt. Die analysierten Einflussfaktoren scheinen den theoretischen Erkenntnissen nach und durch die Primärerhebung bestätigt für einzelne Konsumentensegmente zutreffend zu sein. Dies als Anlass für eine Vorhersage des Konsumentenverhaltens zu nehmen, ist aufgrund der nicht berechenbaren Konsumenten- und Situationsspezifik von Kaufentscheidungen nicht valide. So können praktische Überlegungen, wie Kombinationen aus Zeitarmut und erreichbaren Slots, jegliche Überlegungen dieser Studie praxisrelevant obsolet machen, sodass die Ergebnisinterpretation auf einer allgemeinen Ebene verbleiben muss. Zudem fand die Untersuchung ohne die Berücksichtigung von betriebswirtschaftlichen Zwängen und Möglichkeiten statt, was in der Marktrealität möglicherweise gegenüber der Konsumentenperspektive Priorität genießt, zumindest jedoch berücksichtigt werden muss.

Zusätzlich zu den Limitationen die Tragweite der Ergebnisse betreffend muss auch Kritik an einzelnen Aspekten der Vorgehensweise angebracht werden. Rückwirkend betrachtet hat die Befragung in zwei Punkten nicht die gewünschten Ergebnisse gebracht. Die Frage nach der Flughafenpräferenz war schlicht falsch gestellt, da sie in ihrer Konzeption auf den Abflughafen abzielte und in der Realisation die bloße Nutzung des Flughafens abfragte und Ankunftsflughäfen einschließt. Die Ergebnisse sind somit unbrauchbar. Bei der Abfrage der Markenimages fehlte zudem das Kriterium Flexibilität, was insbesondere die für Kunden der gehobenen Serviceklassen relevanten Umbuchungs- und Stornierungsmöglichkeiten umfasst hätte. Einzelne Fragen hätten zudem in ihren Formulierungen ein wenig anders gestellt werden können, hierbei sei jedoch auf die Relevanz der Nutzerfreundlichkeit für den Umfrageerfolg verwiesen, welcher aufgrund der guten Rücklaufquote als gegeben angesehen werden kann. Hier bedingte also die Priorität der Nutzerfreundlichkeit die gemachten Abstriche bei einzelnen Fragestellungen. Die Betrachtung der LH als eine Marke ist für den europäischen Verkehr nicht hundertprozentig korrekt, da mit der First Class ein Aushängeschild praktisch nicht angeboten wird, welches jedoch das Image mitbestimmt.

Hinsichtlich der Kriterienrelevanz konnte der Empfehlung der Literatur nach einer relativen Bewertung der Relevanz nicht Rechnung getragen werden, da die Arbeit mit einer *constant sum scale* die Befragung zu sehr in die Länge gezogen hätte. Ebenfalls umfangsbedingt wurde die Abfrage von erwarteter Performance von Alternativen des *Evoked Sets* ausgelassen, was reell verwertbare Anforderungsprofile nach Produktpräferenz ermöglicht hätte. Generell könnte diese Studie noch erheblich weiter in die Tiefe gehen, da die Kombinationsmöglichkeit zwischen den Teilsegmenten sehr groß ist. So könnten kleinste Teilsegmente in ihren Markenimages untersucht werden, wenn die Stichprobengröße adäquat umfangreich wäre. Diese Studie, bei der einzelne Teilsegmente etwa 50 Befragten umfassen, kann wissenschaftlich korrekt keine tiefergehende Segmentierung vornehmen.

Zum Ende sei darauf verwiesen, dass Konsumenten ihre eigenen Denkprozesse oftmals nicht darzustellen vermögen. Die Ergebnisse geben daher nur einen Einblick in mögliche Szenarien, und somit Denkanstöße mögliche Einflüsse betreffend. Die Tatsache, dass die LH ein einjähriges Pilotprojekt auflegt, um Kooperationspotenzial kostenintensiv praktisch zu testen, zeigt der Wissenschaft von der praktischen Seite ganz deutlich Grenzen auf, was die gewonnenen Einblicke und Ansätze jedoch nicht abwertet.

BIBLIOGRAPHIE

4U 2010, *Germanwings ab sofort neuer Miles & More Partner / Kombinierte Tarife beider Fluggesellschaften ab 2011*, Pressemitteilung vom 31.10.2010, Germanwings GmbH, betrachtet am 08.06.2012, <http://www.germanwings.com/de/Unternehmen-Pressearchiv_Miles&More.htm>

4U/LH 2011, *Engere Zusammenarbeit von Lufthansa und Germanwings – Gemeinsames Streckenangebot beider Airlines am Stuttgarter Flughafen*, gemeinsame Pressemitteilung, Germanwings GmbH/Lufthansa AG vom 14.12.2011, betrachtet 19.03.2012, u. a. <http://www.germanwings.com/de/Unternehmen-Pressearchiv.htm>

4U 2011, *Germanwings und Austrian Airlines arbeiten künftig zusammen*, Pressemitteilung vom 16.12.2011, Germanwings GmbH, betrachtet 19.03.2012, <http://www.germanwings.com/de/Unternehmen-Pressearchiv.htm>

4U 2011a, *Germanwings und Lufthansa verstärken ihre Zusammenarbeit weiter / Interlining bietet die Kombinierbarkeit von Flügen beider Airlines / Günstig-Airline nimmt am Firmenprogramm PartnerPlus teil*, Pressemitteilung vom 18.01.2011, Germanwings GmbH, betrachtet am 08.06.2012, <http://www.germanwings.com/de/Unternehmen-Pressearchiv.htm>

4U 2012, *Germanwings – Flüge überraschend günstig*, Germanwings GmbH betrachtet am 24.05.2012, <http://www.germanwings.com/de/>

4U 2012a, *Boomerang Club – Sammeln Sie Meilen bei Ihrem Vielfliegerprogramm*, Germanwings GmbH, betrachtet am 07.06.2012, <https://www.germanwings.com/skysales/Boomerang.aspx>

4U 2012b, *Häufig gestellte Fragen (FAQ) rund um Ihren Germanwings-Flug*, Germanwings GmbH, betrachtet am 07.06.2012, <http://www.germanwings.com/de/Service/Haeufig-gestellte-Fragen-FAQ.htm>

4U 2012c, *Streckennetz von Germanwings – Fluginfo*, Germanwings GmbH, betrachtet am 07.06.2012, <http://www.germanwings.com/de/Fluginfo/Streckennetz.htm>

AEA 2008, *Consumer Report – Summer 2008*, Association of European Airlines, betrachtet am 07.06.2012, <http://files.aea.be/News/PR/Pr08-038.pdf>

Aero.de 2012, *Neuer Konzern-LCC – Lufthansa prüft Zusammenlegung von Eurowings und Germanwings*, Aero.de Luftfahrtnachrichten in Kooperation mit FlugREVUE, Aviation Media & IT GmbH, betrachtet am 22.05.2012, <http://www.aero.de/ news/Lufthansa-prueft-Zusammenlegung-von-Eurowings-und-Germanwings.html>

Aero.de 2012a, *Lufthansa dementiert SZ-Bericht – Germanwings soll nicht mehr mit eigener Marke fliegen*, Aero.de Luftfahrtnachrichten in Kooperation mit FlugREVUE, Aviation Media & IT GmbH, betrachtet am 22.05.2012, <http://www.aero.de/news/Germanwings-soll-nicht-mehr-mit-eigener-Marke-fliegen.html>

Agrawal, J 2011, ‚Questionnaire Design‘, in Kamakura, AW (ed.), *Wiley International Encyclopedia of Marketing – 02 Marketing Research*, John Wiley and Sons Ltd., Chichester, UK, S. 237-246.

Airline-bewertungen.eu 2012, *Airline Bewertungen | Erfahrungen | Airline Test*, Reiseagentur Oliver Bornhak, betrachtet am 07.06.2012, <http://www.airline-bewertungen.eu/>

Albrecht, J 2011, *Interview: Wirtschaft . 'Das nervt alle. '*, FOCUS Online, betrachtet am 25.05.2012, <http://www.focus.de/finanzen/news/wirtschaft-das-nervt-alle_aid_651201.html>

AMA 2012, *Dictionary – Term: Consumer Behavior*, American Marketing Association, betrachtet am 24.03.2012, <http://www.marketingpower.com/_layouts/ Dictionary.aspx?dLetter=C>

AMA 2012a, *Dictionary – Term: Brand Loyalty*, American Marketing Association, betrachtet am 21.05.2012, <http://www.marketingpower.com/_layouts/ Dictionary.aspx?dLetter=B>

AMA 2012b, *Dictionary – Term: Acquisition (1)*, American Marketing Association, betrachtet am 10.06.2012, <http://www.marketingpower.com/_layouts/ Dictionary.aspx?dLetter=A>

AMA 2012c, *Dictionary – Term: Merger*, American Marketing Association, betrachtet am 10.06.2012, <http://www.marketingpower.com/_layouts/ Dictionary.aspx?dLetter=M>

AMA 2012d, *Dictionary – Term: Product Class*, American Marketing Association, betrachtet am 09.07.2012, <http://www.marketingpower.com/_layouts/ Dictionary.aspx?dLetter=P>

An, M & Noh, Y 2009, *Airline customer satisfaction and loyalty: impact of in-flight service quality*, Service Business, Volume 3 (Issue 3), S. 293-307.

Armstrong, JS 1991, *Prediction of Consumer Behavior by Experts and Novices*, The Journal of Consumer Research, 18 (2), S. 251-256.

Arslan, FM & Altuna, OK 2010, *The effect of brand extensions on product brand image*, Journal of Product & Brand Management, 19 (3), S. 170-180.

Bentsche, L 2011, *Europa nur noch im Billigflieger – Germanwings übernimmt in Stuttgart Lufthansa-Strecken*, Schwäbisches Tagblatt, 15 Dezember, betrachtet am 19.03.2012, <http://www.tagblatt.de/Home/nachrichten/wirtschaft/ueberregionale-wirtschaft_artikel,-Germanwings-uebernimmt-in-Stuttgart-Lufthansa-Strecken-_arid,156936.html>

BILANZ 2003, *Marken-Studie: Airlines sinken immer weiter ab*, BILANZ – das Schweizer Wirtschaftsmagazin, Axel Springer Schweiz AG, betrachtet am 30.04.2012, <http://www.bilanz.ch/unternehmen/marken-studie-airlines-sinken-immer-weiter-ab>

Bräuer, A 2011, *Airport Citys – Die Städte an den Runways*, GRIN Verlag, Norderstedt.

Bricker, JB 2005, *Development and Evaluation of the Air Travel Stress Scale*, Journal of Counseling Psychology, 52 (4), S. 615-628.

Bühler, S 2011, *Horizontale Kooperationen – Wettbewerbsökonomische Perspektive*, Studienvereinigung Kartellrecht e.V., Universität Bern, Bern, betrachtet am 20.07.2012, <http://www.studienvereinigung-kartellrecht.de/downloads/05-schweiz-20110701-buehler.pdf>

Burmann, C 2012, ‚Markenwert‘, in *Gablers Wirtschaftslexikon – Das Wissen der Experten*, Springer Fachmedien Wiesbaden GmbH, betrachtet am 01.05.2012, <http://wirtschaftslexikon.gabler.de/Definition/markenwert.html>

Burmann, C, Esch, FR & Meckel, A 2012, ‚Definition Marke‘, *in Gablers Wirtschaftslexikon – Das Wissen der Experten*, Springer Fachmedien Wiesbaden GmbH, betrachtet am 01.05.2012, <http://wirtschaftslexikon.gabler.de/Archiv/57328/marke-v10.html>

Carlsson, F & Löfgren, Â 2006, *Airline choice, switching costs and frequent flyer programmes*, Applied Economics, 38 (13), S. 1469-1475.

Conrady, R 2012, ‚Definition Fluggesellschaft‘, in *Gablers Wirtschaftslexikon – Das Wissen der Experten*, Springer Fachmedien Wiesbaden GmbH, betrachtet am 22.05.2012, <http://wirtschaftslexikon.gabler.de/Definition/fluggesellschaft.html>

Deckstein, D 2012, ‚Unternehmen – Fliegender Rasenmäher‘, in *Der Spiegel*, Nr. 18 vom 20.04.2012, S. 77.

Dejure 2012, *§ 110 BGB Bewirken der Leistung mit eigenen Mitteln*, Juristischer Informationsdienst Dejure.org Rechtsinformationssysteme GmbH, betrachtet am 25.06.2012, <http://dejure.org/gesetze/BGB/110.html>

DLR 2008, *Analyses of the European air transport market – Topical Report: Airline Business Models*, Deutsches Zentrum für Luft- und Raumfahrt e.V., betrachtet am 25.05.2012m <http://ec.europa.eu/transport/air/doc/abm_report_2008.pdf>

Dolnicar, S, Grabler, K, Grün, B & Kulnig, A 2011, *Key drivers of airline loyalty*, Tourism Management, 32 (5), S. 1020-1026.

Dorsch, M 2009, *Verkehrswirtschaft – 40 Fallstudien mit Lösungen*, Oldenbourg Wissenschaftsverlag GmbH, München.

DRV 2012, *Fakten und Zahlen zum deutschen Reisemarkt 2011*, Deutscher Reiseverband eV, betrachtet am 15.06.2012, <http://www.drv.de/fileadmin/user_upload/Fachbereiche/Statistik_und_Marktforschung/Fakten_und_Zahlen_zum_deutschen_Reisemarkt_2011.pdf>

Ehrenberg, ASC, Goodhardt, GJ & Barwise, PT 1990, *Double Jeopardy Revisited*, The Journal of Marketing, 54 (3), S. 82-91.

Ehrenberg, ASC, Barnard, N & Scriven, J 1997, *Differentiation or Salience?*, Journal of Advertising Research, 37 (6), S. 7-14.

Esch, FR, Fuchs, M, Bräutigam, S & Redler, J 2005, ‚Konzeption und Umsetzung von Markenerweiterungen, in FR Esch (Hrsg.), *Moderne Markenführung | Grundlagen - Innovative Ansätze - Praktische Umsetzungen*, vierte aktualisierte und erweiterte Auflage, Betriebswirtschaftlicher Verlag Dr. Th. Gabler, Wiesbaden, S. 905-947.

Eurowings 2008, *Dezember 2008 – Eurowings verkauft Germanwings an die Lufthansa*, Pressemitteilung, Eurowings Luftverkehrs AG, betrachtet am 01.05.2012, < http://www.eurowings.de/3442_3757.htm>

FlightStats 2012, *(LH) Lufthansa On-Time Performance Rating*, FlightStats Inc., betrachtet am 10.07.2012, <http://www.flightstats.com/go/FlightRating/flightRatingByCarrier.do?airlineCode= LH>

FlightStats 2012a, *(4U) Germanwings On-Time Performance Rating*, FlightStats Inc., betrachtet am 10.07.2012, <http://www.flightstats.com/go/FlightRating/ flightRatingByCarrier.do?airlineCode=4U>

Florack, A, Scarabis, M & Primosch, E 2007, *Psychologie der Markenführung*, Erste Auflage, Verlag Franz Vahlen GmbH, München.

Flughafen Stuttgart 2012, *Zahlen & Daten – Wichtige Kennziffern der Flughafen Stuttgart GmbH*, Flughafen Stuttgart GmbH, betrachtet am 19.03.2012, <http://www.flughafen-stuttgart.de/sys/index.php?section_id=7&id=3>

Flughafen Stuttgart 2012a, *Flugplan/ Timetable Stuttgart – Sommer/Summer 2012*, Flughafen Stuttgart GmbH, betrachtet am 19.03.2012, <http://www.flughafen-stuttgart.de/sys/pdf/flugplan.pdf>

Forgas, S, Moliner, MA, Sánchez, J & Palau, R 2010, *Antecedents of airline passenger loyalty: Low-cost versus traditional airlines*, Journal of Air Transport Management, 16 (4), S. 229-233.

Freyer, W 2009, *Tourismus – Einführung in die Fremdenverkehrsökonomie*, 9. überarbeitete und aktualisierte Auflage, Oldenbourg Wissenschaftsverlag GmbH, München.

Friese, U 2012, *Lufthansa will Billig-Fluggesellschaft gründen*, Frankfurter Allgemeine Zeitung, 27.04.2012, betrachtet am 10.07.2012, <http://www.faz.net/aktuell/wirtschaft/flugverkehr-lufthansa-will-billig-fluggesellschaft-gruenden-11732511.html>

Fuchs, W, Mundt, JW & Zollondz, HD 2008, *Lexikon Tourismus*, 1. Auflage, Oldenbourg Wissenschaftsverlag GmbH, München.

FUR 2012, *Reiseanalyse 2012 - Erste ausgewählte Ergebnisse*, Forschungsgemeinschaft Urlaub und Reisen e.V., Kiel, betrachtet am 23.07.2012, <http://www.fur.de/fileadmin/user_upload/RA_2012/ITB2012/FUR_RA2012_Erste_Ergebnisse_web.pdf>

GfK 2010, *Zwischen Premium und Billig – die Mitte lebt; 60. GfK-Tagung in Nürnberg zu Konsum und Kommunikation in den Märkten der Mitte*, Pressemitteilung, Gesellschaft für Konsumforschung, betrachtet am 01.05.2012, <http://www.gfk-verein.de/index.php?article_id=89&clang=0>

Gilmore, A & Carson, D 1996, *Management competences for services marketing*, Journal of Services Marketing, 10 (3), S. 39-57.

Gräf, L 1999, *Optimierung von WWW-Umfragen: Das Online Pretest-Studio*, in Batinic, B.; Werner, A.; Gräf, L.; Bandilla, W. (Hrsg.) 1999, *Online Research: Methoden, Anwendungen und Ergebnisse*, Hogrefe, Göttingen, betrachtet am 26.06.2012, <http://www.schoolpark.at/site/files/artikel_optimierung_www_umfragen.pdf>

Grimm, P 2011, 'Pretesting a questionnaire', in Kamakura, WA (ed.), *Wiley International Encyclopedia of Marketing – 02 Marketing Research*, John Wiley and Sons Ltd., Chichester, UK, S. 228-229.

Handelsblatt 2012, *Das sind die beliebtesten Airlines der Deutschen*, Handelsblatt GmbH, betrachtet am 30.04.2012, <http://www.handelsblatt.com/unternehmen/handel-dienstleister/online-umfrage-das-sind-die-beliebtesten-airlines-der-deutschen/6533280.html>

Hess, S, Adler, T & Polak, JW 2007, *Modeling airport and airline choice behavior with the use of stated preference survey data*, Transportation Research Part E, 43 (3), S. 221-233.

HMDJ 2005, *Hessenrecht Landesrechtsprechungsdatenbank Entscheidungen der hessischen Gerichte OLG Frankfurt 19. Zivilsenat | 19 U 57/05 | Urteil | Vertragspflichtverletzung beim Luftbeförderungsvertrag in Form eines Code-share-Flugs*, Hessisches Ministerium der Justiz, für Integration und Europa, betrachtet am 10.06.2012, <http://www.lareda.hessenrecht.hessen.de/jportal/portal/t/s15/page/bslaredaprod.psml ?&doc.id=KORE503322006%3Ajuris-r01&showdoccase=1&doc.part=L>

Hofstede, G 2001, *Culture's Consequences: Comparing Values, Behaviors, Institutions, and Organizations Across Nations*, zweite Auflage, Sage Publications, Thousand Oaks, USA, relevante Aspekte online betrachtet am 20.07.2012 unter <http://geert-hofstede.com/germany.html>

Iacobucci, D 2011, ‚Consumer behavior and services marketing', in Bagozzi, RP & Ruvio, AA (eds.), *Wiley International Encyclopedia of Marketing – 03 Consumer Behavior*, John Wiley and Sons Ltd., Chichester, UK, S. 62-66.

IATA 2007, *Passenger Glossary of Terms*, International Air Transport Association, betrachtet am 06.07.2012, <http://www.iata.org/whatwedo/passenger/ Documents/passenger-glossary-of-terms.xls>

Iatrou, K & Oretti, M 2007, *Airline Choices for the Future – From Alliances to Mergers*, Ashgate Publishing Limited, Aldershot, England.

JACDEC 2012, *Jacdec Airline Safety Research*, Jet Airline Crash Data Evaluation Centre GbR., betrachtet am 07.06.2012, <http://www.jacdec.de/statistics/ airlines/Airline%20Safety%20Research/find.php>

Kalligiannis, K, Iatrou, K & Mason, K 2006, *How do airlines perceive that strategic alliances affect their individual branding?*, Journal of Air Transportation, 11 (2), S. 3-21.

Koenen, J 2011, *Die Lufthansa sucht eine neue Strategie*, Handelsblatt, 02.09.2011, betrachtet am 19.07.2012, <http://www.handelsblatt.com/unternehmen/handel-dienstleister/europaverkehr-die-lufthansa-sucht-eine-neue-strategie/4559500.html>

Koenen, J 2011a, *Lufthansa wird zum Billigflieger*, Handelsblatt, 15.12.2011, betrachtet am 19.07.2012, <http://www.handelsblatt.com/unternehmen/handel-dienstleister/strategiewechsel-lufthansa-wird-zum-billigflieger/5961476.html>

Koll, O & von Wallpach, S 2009, *One brand perception? Or many? The heterogeneity of intra-brand knowledge*, Journal of Product and Brand Management, 18 (5), S. 338-345.

Kotler, P, Bowen, JT & Makens, JC 2010, *Marketing for Hospitality and Tourism – International Edition*, 5th edition, Pearson Education, New Jersey, USA.

Kotler, P, Keller, KL, Brady, M, Goodman, M & Hansen, T 2009, *Marketing Management*, 1st European Edition, Pearson Education Ltd., Harlow.

Koutoumanos, P 2012, *Neue Lufthansa nimmt Gestalt an*, Neue Frankfurter Presse, 05.06.2012, betrachtet am 07.06.2012, <http://www.fnp.de/fnp/nachrichten/wirtschaft/neue-lufthansa-nimmt-gestalt-an_rmn01.c.9892143.de.html>

Kuß, A & Tomczak, T 2002, *Marketingplanung – Einführung in die marktorientierte Unternehmens- und Geschäftsfeldplanung*, 3. überarbeitete Auflage, Betriebswirtschaftlicher Verlag Dr. Th. Gabler GmbH, Wiesbaden.

Lees, G 2011, *Consumer Behavior Week 6: Questioning the dominant paradigm*, Vorlesungsunterlagen, Consumer Behavior BHO2434 Victoria University Melbourne, Vorlesung gehalten am 04.04.2011.

LH 2012, *Passage Airline Gruppe*, Deutsche Lufthansa Aktiengesellschaft, betrachtet am 20.01.2012, <http://konzern.lufthansa.com/de/geschaeftsfelder/passage-airline-gruppe.html>

LH 2012a, *Unternehmensprofil*, Deutsche Lufthansa Aktiengesellschaft, betrachtet am 20.01.2012, <http://konzern.lufthansa.com/de/unternehmen/unternehmensprofil.html>

LH 2012b, *Allianzen und Partnerairlines*, Deutsche Lufthansa Aktiengesellschaft, betrachtet am 20.01.2012, <http://konzern.lufthansa.com/de/allianzen.html>

LH 2012c, *Lufthansa Geschäftsbericht 2010 – Geschäftstätigkeit und Strategie*, Deutsche Lufthansa Aktiengesellschaft, betrachtet am 20.01.2012, <http://berichte.lufthansa.com/2010/gb/konzernlagebericht/entwicklungdergeschaeftsfelder/passageairlinegruppe/geschaeftstaetigkeitundstrategie.html?cat=m>

LH 2012d, *Lufthansa Geschäftsbericht 2010 – Umsatz und Erträge*, Deutsche Lufthansa Aktiengesellschaft, betrachtet am 20.01.2012, <http://berichte.lufthansa.com/2010/gb/konzernlagebericht/ertragslage/umsatzundertr aege.html?cat=m>

LH 2012e, *Lufthansa Geschäftsbericht 2010 – Werte*, Deutsche Lufthansa Aktiengesellschaft, betrachtet am 20.01.2012, <http://berichte.lufthansa.com/ 2010/gb/konzernlagebericht/konzernstrategie/werte.html?cat=m>

LH 2012f, *Lufthansa ® - Günstige Flüge ab 99€ | Flug-Angebote | Günstige Flüge und Flugtickets buchen*, Deutsche Lufthansa Aktiengesellschaft, betrachtet am 24.05.2012, <http://www.lufthansa.com/de/>

LH 2012g, *Einheitliche Freigepäck-Regeln für Tickets, die ab dem 01.06.2011 ausgestellt wurden*, Deutsche Lufthansa Aktiengesellschaft, betrachtet am 25.05.2012, <http://www.lufthansa.com/online/portal/lh/de/info_and_services/ baggage?nodeid=3328234&l=de&cid=18002>

LH 2012h, *Lufthansa AG Geschäftsbericht 2011*, Deutsche Lufthansa Aktiengesellschaft, betrachtet am 29.05.2012, <http://investor-relations.lufthansa.com/fileadmin/downloads/de/finanzberichte/geschaeftsberichte/ LH-GB-2011-d.pdf>

LH 2012i, *Lufthansa – Geschichte*, Deutsche Lufthansa Aktiengesellschaft, betrachtet am 06.06.2012, <http://konzern.lufthansa.com/de/geschichte.html>

LH 2012j, *Lufthansa – Europas Airline Powerhouse*, Deutsche Lufthansa Aktiengesellschaft, betrachtet am 06.06.2012, <http://investor-relations.lufthansa.com/de/fakten-zum-unternehmen/konzernstrategie/europas-airline-powerhouse.html>

LH 2012k, *Loungetypen und Zugang*, Deutsche Lufthansa AG, betrachtet am 04.07.2012, <http://www.lufthansa.com/online/portal/lh/at/info_and_services/ at_the_airport/lounges?nodeid=1756974&l=de&cid=18001&blt_p=AT&blt_l=de&bl t_t=Info_and_Services%3EAt_the_Airport%3ELounges&blt_e=Content&blt_n=Lou ngevariationen%20un&blt_z=Mehr%20Informationen&blt_c=AT|de|Info_and_Servi ces%3EAt_the_Airport%3ELounges|Content|Loungevariationen%20un|Mehr%20Inf ormationen#ancAbT7>

LH 2012l, *Economy Class*, Deutsche Lufthansa AG, betrachtet am 10.07.2012, <http://www.lufthansa.com/de/de/Economy-Class>

LH 2012m, *Business Class*, Deutsche Lufthansa AG, betrachtet am 10.07.2012, <http://www.lufthansa.com/de/de/Business-Class>

LH 2012n, *Lufthansa führt Punkt-zu-Punkt-Verkehre außerhalb von Frankfurt und München unter einheitlicher Marke zusammen*, Pressemitteilung vom 11.10.2012, Deutsche Lufthansa AG, betrachtet am 13.10.2012, <http://presse.lufthansa.com/de/meldungen/view/archive/2012/october/11/article/2240.html>

Maurer, P 2006, *Luftverkehrsmanagement – Basiswissen*, 4. Überarbeitete und erweiterte Auflage, Oldenbourg Wissenschaftsverlag GmbH, München.

Meffert, H 2011, *Interview: Das sagt der Marketing-Papst – Heribert Meffert über kritische Kunden, lautes Tönen im Markt und die richtige Führung einer Marke*, Westfälische Rundschau Wirtschaft, Ausgabe 4 im Dezember 2011, Seite 21.

Miles and More 2012, *Germanwings: Meilen sammeln beim Fliegen*, Deutsche Lufthansa Aktiengesellschaft, betrachtet am 04.07.2012, <http://www.miles-and-more.com/online/portal/mam/de/earn/flight/offer?nodeid=3024682&l=de&cid=18002>

Miles and More 2012a, *Die Miles & More Statuslevel*, Deutsche Lufthansa Aktiengesellschaft, betrachtet am 06.07.2012, <http://www.miles-and-more.com/online/portal/mam/de/program/information?nodeid=2536038&l=de>

Morgan, N & Rego, LL 2009, *Brand Portfolio Strategy and Firm Performance*, Journal of Marketing, 73 (1), S. 59-74.

Münck, R 2012, *Lufthansa und Germanwings in Kombi*, FVW Touristik & Business Travel, Verlag Dieter Niedecken GmbH, betrachtet am 04.07.2012, <http://www.fvw.de/index.cfm?cid=12067&pk=106026&event=showarticle>

Petromilli, M, Morrison, D & Million, M 2002, *Brand architecture: Building brand portfolio value*, Strategy & Leadership, 30 (5), S. 22-28.

Pförtsch, W & Schmid, M 2005, *B2B-Markenmanagement – Konzepte | Methoden | Fallbeispiele*, Erste Auflage, Verlag Franz Vahlen GmbH, München.

Quatember, A 2008, *Statistik ohne Angst vor Formeln – Das Studienbuch für Wirtschafts- und Sozialwissenschaftler*, 2. Aktualisierte Auflage, Pearson Studium, München.

Quester, P, Pettigrew, S & Hawkins, DI 2011, *Consumer Behavior – Implications for Marketing Strategy*, 6th edition, McGraw-Hill Australia Pty Limited, North Ryde, Australien.

Ryanair 2011, *RYANAIR HOLDINGS PLC – Annual Report & Financial Statements 2011*, Ryanair Holdings Plc, betrachtet am 24.04.2012, <http://www.ryanair.com/doc/investor/2011/Annual_Report_2011_Final.pdf>

Ryanair 2012, *Billigflüge – Buchen Sie günstige Flüge nach Europa mit Ryanair*, Ryanair Ltd., betrachtet am 24.05.2012, <http://www.ryanair.com/de>

Salinas, EM & Pina Pérez, JM 2009, *Modeling the brand extensions' influence on brand image*, Journal of Business Research, Volume 62 (1), S. 50-60.

Sander, M 2011, *Marketing-Management – Märkte, Marktforschung und Marktbearbeitung*, 2. Auflage, UVK Verlagsgesellschaft mbH, Konstanz und München.

Schratzenstaller, PC & Jung, S 2012, *„Darf's ein bisschen mehr sein?“ – TripAdvisor Air-Travel Umfrage: Ansprüche steigen, Extrakosten nicht erwünscht*, Pressemitteilung 18.04.2012, TripAdvisor, Erhalt per eMail.

Schultz, DE 2002, *Getting your house in order – Strong brands need a firm foundation*, Marketing Management, Volume 11 (6), S. 8-9.

Skytrax 2012, *Germanwings Product Quality and Germanwings Service Quality Star Ranking*, Skytrax Online, betrachtet am 07.06.2012, <http://www.airlinequality.com/ Airlines/4U.htm>

Skytrax 2012a, *Lufthansa official 4-Star Ranking | SKYTRAX*, Skytrax Online, betrachtet am 07.06.2012, <http://www.airlinequality.com/Airlines/LH.htm>

So-war-mein-flug.de 2012, *Flug Bewertung – Airline Bewertung – Flugstatistik – First Class – Business Class – Premium – Eco Flug*, NextERA Software, betrachtet am 07.06.2012, <http://www.so-war-mein-flug.de/>

Spiegel Online 2012, *Lufthansas Sparpläne weiter fortgeschritten als geplant*, Spiegel Online GmbH, betrachtet am 07.05.2012, <http://www.spiegel.de/spiegel/vorab/a-831483.html>

Stern.de 2012, *Projekt "Direct4you": Lufthansa liebäugelt mit neuer Billig-Fluglinie*, stern.de GmbH, betrachtet am 07.05.2012, <http://www.stern.de/wirtschaft/news/projekt-direct4you-lufthansa-liebaeugelt-mit-neuer-billig-fluglinie-1819449.html>

Stiftung Warentest 2007, *Billigflüge – 11 Airlines im Test*, Artikel vom 26.07.2007, betrachtet am 07.06.2012, <http://www.test.de/Billigfluege-11-Airlines-im-Test-1557803-1559717/>

Stiftung Warentest 2009, *Billigflieger – Zehn Airlines im Test*, Artikel vom 26.02.2009, betrachtet am 07.06.2012, <http://www.test.de/Billigflieger-Zehn-Airlines-im-Test-1758245-1756499>

Suzuki, Y 2007, *Modeling and testing the "two-step" decision process of travelers in airport and airline choices*, Transportation Research Part E, 43 (1), S. 1-20.

Swaminathan, V 2011, 'comparative scaling technique', in Kamakura, AW (ed.), *Wiley International Encyclopedia of Marketing – 02 Marketing Research*, John Wiley and Sons Ltd., Chichester, UK, S. 26 f.

Swarbrooke, J & Horner, S 2007, *Consumer Behaviour in tourism*, 2nd edition, Butterworth-Heinemann, Oxford.

Teichert, T, Shehu, E & von Wartburg, I 2008, *Customer segmentation revisited: The case of the airline industry*, Transportation Research Part A, 42 (1), S. 227-242.

Tellis, GJ, Yin, E & Bell, S 2009, *Global Consumer Innovativeness: Cross-Country Differences and Demographic Commonalities*, Journal of International Marketing, 17 (2), S. 1-22.

Tellis, GJ & Yin, E 2011, 'consumer innovativeness', in Kamakura, AW (ed.), *Wiley International Encyclopedia of Marketing – 02 Marketing Research*, John Wiley and Sons Ltd., Chichester, UK, S. 107-108.

Torres, A & Greenacre, M ohne Jahr, *Measuring Asymmetries in Brand Associations Using Correspondence Analysis*, Universitat Pompeu Fabra, Madrid, betrachtet 03.05.2012, <http://www.recercat.net/bitstream/handle/ 2072/775/630.pdf?sequence=1>

Von Böventer, E, Illing, G, Bauner, A, Berger, H, Beutel, J, John, HJ & Koll, R 1997, *Einführung in die Mikroökonomie*, 9. bearbeitete Auflage, R. Oldenbourg Verlag, München.

Wang, A 2011, 'web surveys', in Kamakura, WA (ed.), *Wiley International Encyclopedia of Marketing – 02 Marketing Research*, John Wiley and Sons Ltd., Chichester, UK, S. 295.

Webb, A 2012, *Lufthansa seeks $2 Billion Profit Gain Through Brand Integration*, BLOOMBERG L.P, 07.02.2012, betrachtet am 30.04.2012, <http://www.bloomberg.com/news/2012-02-07/lufthansa-seeks-2-billion-profit-gain-through-brand-integration.html>

Wiebach, N & Hildebrandt, L 2012, *Explaining customers' switching patterns to brand delisting*, Journal of Retailing and Customer Services, 19 (1), S. 1-10.

Winchester, M & Romaniuk, J 2003, *Evaluative and descriptive response patterns to negative image attributes*, International Journal of Marketing Research, Volume 45 (1), S. 21-34.

WPGS 2012, *Wirtschaftspsychologie, Werbepsychologie, Marketingpsychologie, Personalpsychologie - 6. Das Forschungsziel: Explorative Forschung und Hypothesenüberprüfende Forschung*, Wirtschaftspsychologische Gesellschaft, betrachtet am 11.06.2012, <http://www.wpgs.de/content/view/391/347/>

WPGS 2012a, *Wirtschaftspsychologie, Werbepsychologie, Marketingpsychologie, Personalpsychologie – Beobachtung*, Wirtschaftspsychologische Gesellschaft, betrachtet am 11.06.2012, <http://www.wpgs.de/content/blogcategory/91/363/>

Yang, H & Carmon, Z 2011, ‚Consumer decision making', in Bagozzi, RP & Ruvio, AA (eds.), *Wiley International Encyclopedia of Marketing – 03 Consumer Behavior*, John Wiley and Sons Ltd., Chichester, UK, S. 79-86.

Yang, KC, Hsieh, TC & Yang, C 2012, *Assessing how service quality, airline image and customer value affect the intentions of passengers regarding low cost carriers*, Journal of Air Transport Management, 20 (5), S. 52-53.

Yi, Y & Jeon, H 2003, *Effects of loyalty programs on value perception, program loyalty and brand loyalty*, Academy of Marketing Science – Journal, 31 (3), S. 229-240.

YouGov 2012, *YouGov BrandIndex Top-Performer 2011 - Beliebteste Marken der Deutschen: Edeka überholt Aldi*, YouGov Deutschland AG, betrachtet am 30.04.2012, <http://research.yougov.de/filemanager/download/2676>

ANHANG

Anhangsverzeichnis

I. Bewertungskriterien der Fluggesellschaftswahl aus den einbezogenen Sekundäruntersuchungen

Suzuki (2007) nennt die Faktoren Preis, Häufigkeit des Angebots und Mitgliedschaft in einem FFP als die drei wichtigsten Faktoren.

Teichert, Shehu und von Wartburg (2007) untersuchten die Faktoren Flugplan, Preis, Flexibilität, FFP, Pünktlichkeit, Verpflegung und Bodenabfertigung.

Bricker (2005) weist in seiner Studie folgende Einflüsse als substantiell für Flugstress aus: Mitreisende, fehlendes Vertrauen in die Airline und allgemeine Ängste.

Yang et al (2012) befinden den Ruf der Airline, die Art des Fluggerätes, die Auswahl im Angebot im Sinne von Häufigkeit sowie die Interaktion mit dem Personal und damit deren Verhalten als wichtigste Kriterien.

Carlsson & Löfgren (2006) kommen zu dem Schluss, dass spezifisches Produktwissen, der Status als Nationalcarrier, die Anzahl der Verbindungen und FFP-Programme die treibenden Determinanten für Wechselkosten und damit Antedezenten von Loyalität sind.

Forgas et al (2010) beweisen, dass der wahrgenommene Wert eines Flugproduktes u. a. auf folgende Faktoren zurückzuführen ist: Installationen des Fluggeräts, Serviceprofessionalität an Bord, Pünktlichkeit, Flugplan, Gepäckabfertigung, Preis und Preis-Leistungs-Verhältnis, Wartezeit, Distanz zum Flughafen und Image als wichtigstem Faktor.

Hess, Adler & Polak (2007, S. 223) weisen den Preis als wichtigstes Kriterium aus.

Schratzenstaller & Jung (2012) berufen sich auf eine Studie von TripAdvisor und weisen ebenfalls den Preis als wichtigstes Kriterium aus, gefolgt von Beinfreiheit und Sicherheit.

Dolnicar et al (2011) führen FFP, Preis, Status als Nationalcarrier und den generellen Ruf der Airline an.

An & Noh (2009) untersuchten Getränkeservice, Empathie des Personals, Verlässlichkeit, Essensqualität und Sicherheit.

b

Maurer (2006) sieht die Wahl einer Linienfluggesellschaft in Abhängigkeit von gutem Service, Pünktlichkeit, Sicherheit, Preis, Angebot vieler Destinationen, hohen Flugfrequenzen und schnellen (Umsteige-)Verbindungen.

II. Ergänzung und Clusterung der einzelnen Bewertungskriterien

Die 13 Bewertungskriterien werden dem Befragten nicht detailliert erklärt. Die nachfolgende Liste soll lediglich als Anhaltspunkt dienen, welche hauptsächlichen Aspekte der Autor als Teil der Kriterien ansieht.

Preis: Preis als finanzieller Wert.

Inklusive Leistungen: Die Frage, wie viele Leistungen im Normalpreis inbegriffen sind; das Gefühl, für Leistungen extra bezahlen zu müssen; Preistransparenz.

Verhältnis von Preis und Leistung: Relation von wahrgenommener Leistung und Preis.

Prestige/Status der Airline: Allgemeiner Ruf; Kategorisierung der Airline nach Geschäftsmodell; Verlässlichkeit; Image.

Verfügbarkeit/Buchbarkeit: Anzahl an verfügbaren Distributionskanälen, dadurch indirekt: Bequemlichkeit des Buchens; Vorhandensein des präferierten Kanals.

Flugplan: Anzahl der Verbindungen pro Destination; Flugfrequenz pro Verbindung; Anzahl der Destinationen; Qualität der Umsteigeverbindungen; Attraktivität von Slots; Wartezeit; Reichweite des Netzwerkes.

Möglichkeit, durch ein FFP Vorteile zu erhalten: Teilnahme an einem FFP; zu erwartende Vorteile des FFPs (Sammeln und Einlösen).

Pünktlichkeit: Quote der Pünktlichkeit; Ausmaß der Verspätungen; Anschlussgarantien.

Sicherheit der Airline: Vertrauen in die Airline; zurückliegende Unfälle; Verlässlichkeit.

Vertrauen in die Problemlösungszuverlässigkeit der Airline: Verlässlichkeit; Vertrauen, zufriedengestellt zu werden; spezifisches Produktwissen.

Produkt am Boden: Check-In; Wartefazilitäten; Verhalten bei Verspätungen; Differenzierungsmöglichkeit nach Serviceklassen; ggf. Parkmöglichkeiten; persönliche Begleitungen; Sicherheitskontrollen; Mitkonsumenten; Gepäckabfertigung.

d

<u>Produkt an Bord:</u> Mitkonsumenten; Qualität der Verpflegung; Getränkeversorgung; Beinfreiheit; Sitzkomfort; Möglichkeit, nach Serviceklassen zu differenzieren; Installationen des Fluggerätes.

<u>Professionalität des Services:</u> Empathie des Personales; Umgang mit Sonderwünschen; Freundlichkeit; Problemlösungsfähigkeit; Generösität.

e

III. Die Bewertungskriterien und ihre Fragestellungen

1. Preis

Wie hoch ist der Geldwert, der für ein Produkt der Marke aufgewendet werden muss?

2. Inklusive Leistungen

Zu welchem Grad denkt der Kunde, dass der (Werbe-)Preis alle von ihm gewünschten Leistungen enthält?

3. Verhältnis von Preis und Leistung

Wie hoch ist der Grad, zu dem der zu erbringende Preis durch die gekaufte Gegenleistung als gerechtfertigt angesehen wird?

4. Ruf der Fluggesellschaft

Wie positiv ist das Ansehen der Fluggesellschaft? (Beinhaltet den Aspekt ‚Nationalcarrier'.)

5. Buchbarkeit/Verfügbarkeit

Wie kann die Marke gebucht werden?

6. Flugplan

Wie wird das Angebot der Fluggesellschaft bzgl. Vielfalt der Destinationen, Häufigkeit der Verbindungen und ggf. Koordination der Umsteigeverbindungen eingeschätzt?

7. Möglichkeit durch ein FFP Vorteile zu erhalten

Besteht die Möglichkeit und falls ja, wie werden die möglichen Vorteile eingeschätzt?

8. Pünktlichkeit

Zu welchem Grad schafft die Fluggesellschaft es, den Flugplan einzuhalten?

9. Sicherheit der Airline

Vertraut der Kunde der Airline, ihn sicher zu transportieren?

10. Vertrauen in die Airline

Vertraut der Kunde der Airline, sein Problem zuverlässig und konstant zufriedenstellend zu lösen?

11. Produkt am Boden

Wie werden Angebote am Boden wie etwa Check-In, Wartebereiche, Terminals oder Zugangswege zum Fluggerät eingeschätzt?

f

12.Produkt an Bord

Wie werden Angebote im Fluggerät wie etwa Beinfreiheit, Toiletten, Sitzbequemlichkeit, Verpflegung oder In-Flight-Entertainment eingeschätzt?

13.Professionalität des Services

Wie wird das Personal der Fluggesellschaft hinsichtlich der Erbringung der Services an den Kundenkontaktpunkten eingeschätzt?

IV.   Finale Fassung des Fragebogens

Titel: Lufthansa und Germanwings. Ein Vergleich.

Seite 1: Begrüßungstext

Sehr geehrte Damen und Herren, des Deutschen liebstes Gut ist seine Zeit - das weiß ich. Deshalb freue ich mich umso mehr darüber, dass Sie mich mit dem Ausfüllen dieses Fragebogens bei meiner Bachelorarbeit unterstützen! In meinem Vorhaben untersuche ich das Kooperationspotenzial der beiden Luftfahrtgesellschaften "Lufthansa" und "Germanwings". Obwohl es ganz konkret um zwei Marken geht, arbeite ich bei meiner Bachelorarbeit völlig unabhängig - ohne Konzernunterstützung. Dies trägt dazu bei, die Ergebnisse objektiv und kritisch analysieren zu können. Daher bitte ich Sie für die nächsten etwa 8-9 Minuten um ihre ganz ehrliche Meinung, die selbstverständlich anonym bleibt und ausschließlich für diese Bachelorarbeit genutzt wird!

Sollten Sie Fragen zum Fragebogen oder dem Forschungsprojekt allgemein haben: Schreiben Sie mir jederzeit gerne an mbusch@stud.hs-bremen.de, ich freue mich auf Rückmeldungen!

Mit bestem Dank für Ihre Zeit und Ihren Einsatz,

Moritz Busch Internationaler Studiengang Tourismusmanagement, HS Bremen

Seite 2, Titel: Flugverhalten

Frage: Wie oft sind Sie in den letzten 12 Monaten geflogen? (Pflichtfrage)

Zusatztext: Unabhängig vom Zweck der Reise; falls Sie Hin- und Rückreise gleichzeitig buchen, zählt dies als ein Flug. Sollten Sie nicht geflogen sein, gehen Sie bitte zur nächsten Seite. (Eine Antwort möglich)

- Gar nicht.
- Einmal.
- Zweimal.
- Dreimal bis fünfmal.
- Sechsmal bis zehnmal.
- Öfters.

h

Welches war bei Ihren Flugreisen der letzten 12 Monate Ihr hauptsächlicher Reisezweck?

Bitte benennen Sie den Reisezweck, zu dem Sie die Mehrzahl Ihrer Flugreisen unternommen haben. (Eine Antwort möglich)

- Geschäftsreise.
- Kurzurlaubsreise (2-4 Tage).
- Urlaubsreise (5 Tage und länger).
- Besuch von Freunden/Familie.
- Sonstiges (inkl. Eingabefeld).

Wie hoch war Ihr Aufwand (Zeit, Geld, Mühe) bei der Airlinewahl?

Bitte geben Sie den durchschnittlichen Aufwand Ihrer Entscheidungen der letzten zwölf Monate an! (bipolare Skalenabfrage)

5er-Skala, bipolar: Hoch/Niedrig.

Welche Buchungsklasse haben Sie bei Ihren Flugreisen der letzten 12 Monate bevorzugt gebucht?

(Eine Antwort möglich)

- Economy-Class.
- Premium Economy-Class.
- Business-Class.
- First Class.
- Immer das, was gerade am preiswertesten ist.

Welche Flughäfen haben Sie bei Ihren Flugreisen der letzten 12 Monate benutzt? (Mehrfachnennungen möglich)

- Hamburg.
- Bremen.
- Hannover.
- Berlin (alle Flughäfen).
- Düsseldorf.
- Köln/Bonn.
- Frankfurt.
- Stuttgart.
- München.
- Keinen aus der Liste.

Seite 3: Ihre Bewertungskriterien.

Ich habe 13 Kriterien aufgelistet, die bei der Wahl der Fluggesellschaft eine Rolle spielen. Bitte bewerten Sie diese nach Wichtigkeit für Ihre Entscheidung!

Bitte beziehen Sie sich hierbei auf Reisen, die Sie zu Ihrem hauptsächlichen Reisezweck unternommen haben!

Falls Sie noch nicht geflogen sind, bewerten Sie bitte aus freien Stücken.

<u>Wie wichtig sind Ihnen folgende Kriterien einer Fluggesellschaft, wenn Sie eine Kaufentscheidung für einen Flug innerhalb Europas (bis maximal 4 Stunden) treffen müssen?</u>

Bitte denken Sie dabei an Ihren hauptsächlichen Reisezweck. (Skalenabfrage)

Abbildung 32: Beispiel des Fragebogens, Kriterienrelevanz, Auszug aus docs.google.com

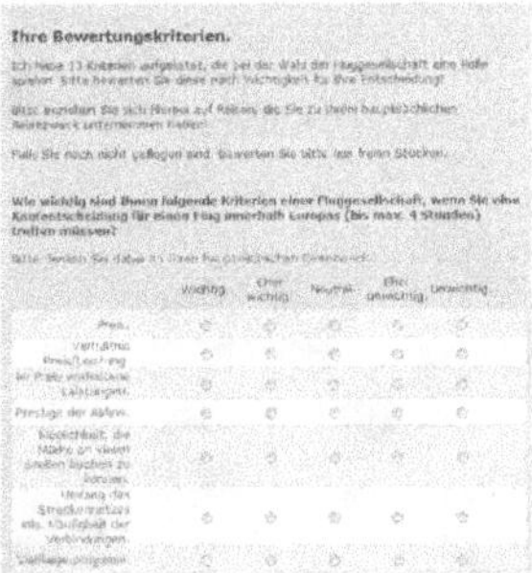
Ihre Bewertungskriterien.

Skala für alle 13 Kriterien:

Wichtig.

Eher wichtig.

Neutral.

Eher unwichtig.

Unwichtig.

j

- Preis.
- Verhältnis Preis./Leistung.
- Im Preis enthaltene Leistungen.
- Prestige der Airline.
- Möglichkeit, die Marke an vielen Stellen buchen zu können.
- Umfang des Streckennetzes inkl. Häufigkeit der Verbindungen.
- Vielfliegerprogramm.
- Pünktlichkeit.
- Sicherheit.
- Vertrauen, dass die Airline Sie zufriedenstellt.
- Produkt am Boden (Check-In, Lounges, etc.)
- Produkt an Bord (Sitzabstand, Entertainment, Verpflegung, etc.)
- Qualität des Services.

Seite 4: Produktpräferenz.

Stellen Sie sich vor, Sie müssten sich unter unten aufgeführter Problemstellung zwischen zwei Angeboten entscheiden. Welches würden Sie heute buchen?

Sie möchten im Oktober von Ihrem Präferenzflughafen nach Istanbul und zurück fliegen und erhalten zwei Angebote. Beides sind Non-Stop-Flüge, beide sind nicht umbuchbar, die Abflugzeit ist gleich und die Flugdauer beträgt jeweils 2h 50min. (Pflichtfrage)

Bitte denken Sie dabei an Ihren hauptsächlichen Reisezweck.

- Option A, Billigflieger: 141,77 € inkl. Meilen für Vielfliegerprogramm (Gepäck/Verpflegung gegen 40 € Aufpreis).
- Option B, traditionelle Fluggesellschaft: 355,49 € inkl. 1 Gepäckstück a 23 kg, Verpflegung, Prämien für Vielfliegerprogramm.

Seite 5: Die Marke Lufthansa

Ist Ihnen die Marke Lufthansa bekannt? (Pflichtfrage)

- Ja, ich habe die Marke schon genutzt. (Wenn ausgewählt, weiter mit Seite 6)
- Ja, ich habe von der Marke gehört. (Wenn ausgewählt, weiter mit Seite 6)
- Nein, ich kenne die Marke nicht. (Wenn ausgewählt, weiter mit Seite 7)

k

Seite 6: Ihr Bild von der Marke Lufthansa.

Bitte schätzen Sie die Marke auf folgenden Skalen ein, auch wenn Sie evtl. keine genauen Informationen zu einzelnen Bereichen haben! (Skalenabfrage auf bipolarer 5er-Skala)

Abbildung 33: Beispiel des Fragebogens, Markenimage Lufthansa, Auszug aus docs.google.com

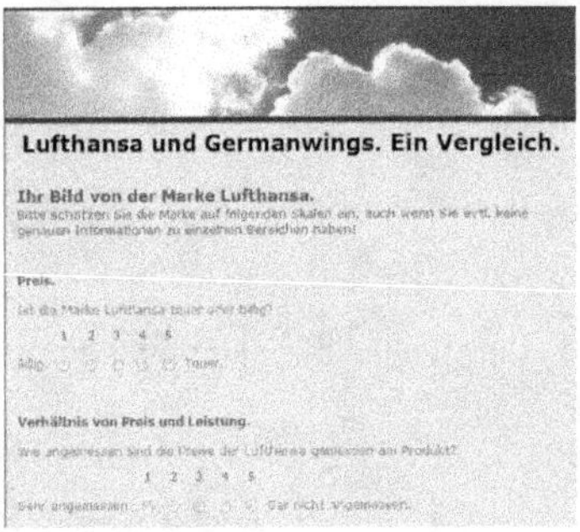

Preis.

Ist die Marke Lufthansa billig oder teuer?

(Skala: Billig./Teuer.)

Verhältnis von Preis und Leistung.

Wie angemessen sind die Preise der Lufthansa gemessen am Produkt?

(Sehr angemessen./Gar nicht angemessen.)

Inklusive Leistungen.

Wie viel ist bei der Lufthansa im Normalpreis inbegriffen? (Viel./Wenig.)

Prestige.

Wie stolz sind Sie, wenn Sie die Marke Lufthansa nutzen? (Sehr stolz./Gar nicht stolz.)

Buchbarkeit/Verfügbarkeit.

Wo kann ich die Marke Lufthansa überall buchen (Reisebüro, Online, Telefonisch,…)?

(An vielen Stellen./An wenigen Stellen.)

Streckennetz.

Wo komme ich mit der Lufthansa überall hin, und wie häufig?

(Überall hin, und das auch oft./Zu wenigen Orten, und das nur selten.)

1

<u>Vielfliegerprogramm.</u>

Wie sind die Vorteile, die mir die Marke Lufthansa in Ihrem Vielfliegerprogramm bietet?

(Attraktiv./Unattraktiv.)

<u>Pünktlichkeit.</u>

Heben die Flugzeuge der Lufthansa pünktlich ab, und kommen pünktlich an? (Immer./Nie.)

<u>Sicherheit.</u>

Wie sicher ist die Fluggesellschaft Lufthansa? (Sicher./Unsicher.)

<u>Vertrauen.</u>

Wie sehr vertrauen Sie der Marke Lufthansa, Ihre Erwartungen zu erfüllen?

(Großes Vertrauen./Kein Vertrauen.)

<u>Bodenprodukt.</u>

Wie ist das Produkt der Lufthansa am Boden (Check-In, Warteräume, Terminals,...)?

(Hochwertig./Geringwertig.)

<u>Bordprodukt.</u>

Wie ist das Produkt der Lufthansa an Bord (Sitzabstand, Sitzkomfort, Verpflegung,...)?

(Hochwertig./Geringwertig.)

<u>Service.</u>

Wie ist der Service der Lufthansa, sowohl am Boden als auch an Bord?

(Professionell./Amateurhaft.)

Seite 7: Die Marke Germanwings.

Ist Ihnen die Marke Germanwings bekannt? (Pflichtfrage)

- Ja, ich habe die Marke schon genutzt. (Wenn gewählt, weiter mit Seite 8.)
- Ja, ich habe von der Marke gehört. (Wenn gewählt, weiter mit Seite 8.)
- Nein, ich kenne die Marke nicht. (Wenn gewählt, weiter mit Seite 9.)

Seite 8: Ihr Bild von der Marke Germanwings.

Bitte schätzen Sie die Marke auf folgenden Skalen ein, auch wenn Sie evtl. keine genauen Informationen zu einzelnen Bereichen haben! (Skalenabfrage auf bipolarer 5er-Skala)

Preis.

Ist die Marke Germanwings billig oder teuer?

(Skala: Billig./Teuer.)

Verhältnis von Preis und Leistung.

Wie angemessen sind die Preise der Germanwings gemessen am Produkt?

(Sehr angemessen./Gar nicht angemessen.)

Inklusive Leistungen.

Wie viel ist bei der Germanwings im Normalpreis inbegriffen? (Viel./Wenig.)

Prestige.

Wie stolz sind Sie, wenn Sie die Marke Germanwings nutzen? (Sehr stolz./Gar nicht stolz.)

Buchbarkeit/Verfügbarkeit.

Wo kann ich die Marke Germanwings überall buchen (Reisebüro, Online, Telefonisch,…)?

(An vielen Stellen./An wenigen Stellen.)

Streckennetz.

Wo komme ich mit der Germanwings überall hin, und wie häufig?

(Überall hin, und das auch oft./Zu wenigen Orten, und das nur selten.)

n

Vielfliegerprogramm.

Wie sind die Vorteile, die mir die Marke Germanwings in Ihrem Vielfliegerprogramm bietet?

(Attraktiv./Unattraktiv.)

Pünktlichkeit.

Heben die Flugzeuge der Germanwings pünktlich ab, und kommen pünktlich an? (Immer./Nie.)

Sicherheit.

Wie sicher ist die Fluggesellschaft Germanwings? (Sicher./Unsicher.)

Vertrauen.

Wie sehr vertrauen Sie der Marke Germanwings, Ihre Erwartungen zu erfüllen?

(Großes Vertrauen./Kein Vertrauen.)

Bodenprodukt.

Wie ist das Produkt der Germanwings am Boden (Check-In, Warteräume, Terminals,...)?

(Hochwertig./Geringwertig.)

Bordprodukt.

Wie ist das Produkt der Germanwings an Bord (Sitzabstand, Sitzkomfort, Verpflegung,...)?

(Hochwertig./Geringwertig.)

Service.

Wie ist der Service der Germanwings, sowohl am Boden als auch an Bord?

(Professionell./Amateurhaft.)

Seite 9: Ein wenig Demographie.

Hier wird sich auf das Nötigste beschränkt. Wirklich.

Bitte am Ende des Fragebogens auf jeden Fall auf "Senden" drücken, sonst erreichen Ihre Antworten mich leider nicht!

<u>Welcher Altersgruppe gehören Sie an?</u>

'Tschuldigung, muss sein!

- 0 bis 17.
- 18 bis 29.
- 30 bis 39.
- 40 bis 49.
- 50 bis 59.
- 60 bis 69.
- Älter.

Welche berufliche Stellung haben Sie inne?

Bitte wählen Sie die Beschreibung, die am Besten passt!

- Nicht berufstätig.
- In Ausbildung.
- Angestellt.
- Angestellt in Führungsposition.
- Selbständig.
- In Rente.

Achso. Eins noch. Dann ist Schluss, Danke für die Teilnahme! (Pflichtfrage)

Wissen Sie, dass die Germanwings dem Lufthansakonzern angehört?

- Ja. / Nein.

p

V. Erklärungen zum Fragebogendesign/ Frage zur Produktpräferenz:

Die genannten Preise sind Durchschnittspreise aus mehreren Angeboten, um eine deutschlandweit halbwegs einheitliche Preisbildung zu simulieren; Websites betrachtet am 19.06.2012.

Germanwings: Strecken Köln/Bonn - Istanbul sowie Stuttgart - Istanbul, Direktflüge, jeweils 5 Preise je Strecke, Zeitraum Oktober 2012, Bildung des arithmetischen Mittelwertes.

Lufthansa: Strecken Frankfurt-Istanbul sowie München-Istanbul, Direktflüge, jeweils 3 Preise je Strecke, Zeitraum Oktober 2012, Bildung des arithmetischen Mittels.

VI. Pre-Test des Fragebogens

Zeitraum: KW 26/2012

Probanden: 10; Altersstruktur in Jahren: 23, 24, 24, 24, 25, 25, 25, 31, 55, 57
Durchschnitt: 31,3 Jahre

Dauer in Minuten: 6, 6, 7, 7, 8, 8, 9, 9, 10, 12, Durchschnitt: 8,2 Minuten

Arbeitsfelder: Tourismusmanagement-Studentin, Telekom-Außendienstmitarbeiter, Radiomoderator, Marketingabsolvent, Buchhalter, Hausfrau, Versicherungskaufmann, Pädagogik-Studentin, Biologie-Absolvent, Journalist.

Die Probanden wurden gebeten, den Fragebogen unter realen Bedingungen mit ernstgemeinten Antworten auszufüllen und dabei die Zeit zu stoppen. Danach wurden sie gefragt, ob alle Fragen verständlich waren und ob sie allgemeine Verbesserungsvorschläge unterbreiten können. Besonderes Augenmerk bei der Nachfrage wurde auf möglicherweise wahrgenommene Suggestivfragen sowie auf festgestellte Probleme bei den Antworten, insbesondere den Skalen, gelegt. Folgende Anmerkungen wurden gemacht, die größtenteils konstruktiv waren und dementsprechend nach Prüfung behoben wurden:

- Rechtschreibfehler (behoben)
- Skala der Flugfrequenz nicht zum Ende hin offen (behoben)
- Überschneidung von Kriterien: ‚Preis-/Leistungsverhältnis' und ‚inklusive Leistungen' wurden als gleich verstanden (Zusatzinformation zugefügt)
- Flugdauer bei der Frage nach Produktpräferenz muss benannt werden! (behoben)

q

- Skala bei der Flugfrequenz könnte ungenauer gehalten werden
- Empfehlung: Stellen einer Frage dazu, was der Befragte spontan mit der Marke verbindet, z. B. „Welches Adjektiv verbinden Sie spontan mit der Marke XY?"
- Gefühlte Antwortpflicht, Vorschlag: Erklärung der nicht vorhandenen Antwortpflicht durch Zusatz „Pflichtfragen markiert mit rotem Stern" (behoben)
- Empfehlung: Option ‚Keine Angabe' bei allen Skalen des Markenimages (Nein.)
- Buchbarkeit als Kriterium sollte besser erklärt werden (behoben)
- Antwortmöglichkeiten Ja/Nein auf einer 5-er Skala unklar (behoben)
- Schwierigkeit beim Ausfüllen, wenn keine Produkterfahrung vorliegt

r

Abonnement

Hiermit abonniere ich die *Schriftenreihe der School of International Business – Internationaler Studiengang für Tourismusmanagement (ISTM)* **(ISSN 1863-9798)**, herausgegeben von Felix Bernhard Herle,

❏ ab Band # 1

❏ ab Band # ___

    ❏ Außerdem bestelle ich folgende der bereits erschienenen Bände:

    #___, ___, ___, ___, ___, ___, ___, ___, ___, ___, ___, ___

❏ ab der nächsten Neuerscheinung

    ❏ Außerdem bestelle ich folgende der bereits erschienenen Bände:

    #___, ___, ___, ___, ___, ___, ___, ___, ___, ___, ___, ___

❏ 1 Ausgabe pro Band   ODER   ❏ ___ Ausgaben pro Band

Bitte senden Sie meine Bücher zur versandkostenfreien Lieferung innerhalb Deutschlands an folgende Anschrift:

Vorname, Name: _____

Straße, Hausnr.: _____

PLZ, Ort: _____

Tel. (für Rückfragen): _____ *Datum, Unterschrift:* _____

Zahlungsart

❏ *ich möchte per Rechnung zahlen*

❏ *ich möchte per Lastschrift zahlen*

bei Zahlung per Lastschrift bitte ausfüllen:

Kontoinhaber: _____

Kreditinstitut: _____

Kontonummer: _____ Bankleitzahl: _____

Hiermit ermächtige ich jederzeit widerruflich den *ibidem*-Verlag, die fälligen Zahlungen für mein Abonnement der *Schriftenreihe der School of International Business – Internationaler Studiengang für Tourismusmanagement (ISTM)* von meinem oben genannten Konto per Lastschrift abzubuchen.

Datum, Unterschrift: _____

Abonnementformular entweder **per Fax** senden an: **0511 / 262 2201** oder 0711 / 800 1889 oder als **Brief** an: *ibidem*-Verlag, Julius-Leber Weg 11, 30457 Hannover oder als **e-mail** an: **ibidem@ibidem-verlag.de**

ibidem-Verlag

Melchiorstr. 15

D-70439 Stuttgart

info@ibidem-verlag.de

www.ibidem-verlag.de
www.ibidem.eu
www.edition-noema.de
www.autorenbetreuung.de